일빵빵 + 스토리가 있는 영어회화

일빵빵 +
스토리가 있는 영어회화
© 2024 by 토마토출판사

초판 제1쇄	2012년 6월 1일
초판 제215쇄	2024년 10월 1일

저자	서장혁
기획	일빵빵어학연구소 / 서장혁
펴낸곳	토마토출판사
주소	서울 마포구 양화로 161 727호
TEL	1544-5383
홈페이지	www.tomato4u.com
E-mail	support@tomato4u.com
등록	2012.1.11.

일빵빵

+

스토리가 있는
영어회화

토마토
출판사

Thanks to...

큰 힘이 되어주신 팟캐스트 방송 청취자분들께
감사드립니다.

보통 '영어회화 공부의 마지막 끝이 미드(미국드라마)'라고 합니다. '나는 너를 믿어'라고 말할 때 보통, 'I believe you'라고 하는 분이 있는가 하면 'I trust you'라고 하는 분이 있습니다 그만큼 우리가 배우는 문법적인 문장과, 실제 회화와는 상당한 차이가 있습니다. 미드공부가 그런 온도차를 직접 느낄 수 있고, 재미 있으면서도 실제에 가까운 영어공부지만, 또 막상 혼자 공부하기엔 어려움이 많습니다.

저희 일빵빵 미드영어 책은 혼자서도 공부할 수 있게 구성별 총 4가지를 제공합니다

– 실제 사용하는 영어 문장을 체험할 수 있는 '**대본 해석 공부**'
– '이것만은 꼭' 놓치지 말아야 하는 미묘한 '**어휘 표현 공부**'
– 실제 외국인처럼 발음하고, 들을 수 있는 '**발음 TIP 공부**'
– 단어만 넣으면 자유자재로 회화할 수 있는 '**영어 회화 패턴 공부**'

여러분이 알고 있는 영어단어 1/5만 가지고도 어떻게 자유자재로 영어회화가 가능한지 이제부터 한 장 한 장 저희를 믿고 따라오시기 바랍니다.

어떻게 구성되어 있나요?

CONSTRUCTION

1 대본 해석 공부

단순한 대본 문장을 나열해 놓은 것이 아닙니다. 원어민들이 일상생활에서 사용하는 회화 표현, 어휘, 말투 습관, 감탄사까지 세세하게 알 수 있으며 그 안에 사용되는 다양한 표현들을 하나하나 공부하실 수 있습니다. 영어 회화 패턴 진도에 맞게 각색되어 있어서 실제 드라마 내용과는 많이 다를 수 있습니다. 시간 되실 때마다, 중요 문장, 표현, 단어 등을 학습하시기 바랍니다.

2 어휘 표현 공부

대본 페이지 밑에 원어민들이 대화에서 사용하는, 평소에는 놓치기 쉬우나 꼭 알아두면 많은 도움이 되는 표현들을 '이것만은 꼭' 코너에 한 강의마다 하나씩 정리해 놓았습니다. 아주 간단하지만, 단순히 사전에 나와 있는 의미만으로는 용도를 알 수 없는 것으로 10여 년 간의 노하우에서 비롯된 보물 같은 어휘정리들이니 반드시 숙지합시다. 회화 어휘 사전의 용도로 사용하세요.

3 발음 TIP 공부

우리가 평소대로 발음해도, 외국인들은 알아듣습니다. 하지만, 외국인들이 우리에게 말할 때 우리 생각대로 발음하지는 않습니다. 리스닝과 스피킹을 동시에 학습하기 위해 '**왕초보 실력 안 들키게 발음하기**' 코너에서 한국에서는 배울 수 없는, 중요 발음 TIP을 전해 드립니다. 외국인처럼 발음하기 위해, 억지로 허를 굴릴 필요는 없습니다. 단순한 공식 몇가지로 본인의 실력이 달라짐을 확인하세요.

4 영어 회화 패턴 공부 (원어민들이 가장 많이 쓰는 기초 패턴 50)

외국인들이 일상생활에서, 문법적으로 완전한 문장만을 말하는 것은 아닙니다. 실제 회화에 있어서는 그들만의 관용적 표현이나 일정한 패턴, 버릇이 있습니다. 그 점이 우리가 실제 배운 회화 문장을 사용할 때 상당히 어려움을 겪는 점입니다. 마지막 단계인 '**기초 영어 회화 패턴**'에서는 진도별로 단어만 집어넣어도 쉽고 자연스럽게 말할 수 있는 회화요령을 가르쳐 드립니다.

공부하는 방법

 **이 책은 소장본처럼
지니고 다니세요**

**해외에서건, 국내에서건
많은 도움이 됩니다**

1   대본과 해설을 동시에 보며,
     다양한 표현을 꼭 외우세요.

2   이것만은 꼭! 부분은 항상 정리하고
     단어집도 따로 정리하세요.

3   원어민 회화에서 우리가 흔히 놓치기 쉬운
     어휘를 잡아내어 리스닝 실력을 키워 보세요.

4   영어 회화 패턴은 반드시 외우시고,
     여러 단어를 넣어 보면서 문장을 만들어 보세요.

■ 영어실력이 기초이신 분들은 일단 '발음TIP'과 '영어회화 패턴' 공부에 중점을
두시기 바랍니다. 대본외우기는 시간 날 때마다 하셔도 괜찮습니다.

강의는
일빵빵 공식 유튜브 채널을 통해
무료로 들을 수 있습니다.

유튜브 검색창에 "일빵빵"을 검색해서 강의를 청취하세요,

일빵빵
CONTENTS

I Want

I am

have to

Can I

Can you

I Can't

일빵빵

본토 영어회화에
목마른 분들

해마다 공부해도
어색한 분들

답답함을 느끼는
모든 분들께

영어회화공부의 정석
'일빵빵'을 바칩니다

2012년 여름 서장혁

I want 패턴

1 ~ **7** 강

[Central perk / Ross, Joey and their friends are there.]

Ross : Hi.

Joey : This guy says hello, I **wanna** kill myself.

Mon : Ross, are you okay? Carol moved out today.

Everyone : Ohh.

Ross : I'll be fine⋯ really. I hope she'll be very happy.

Mon : No, you don't.

Ross : No, I don't, actually, she left me!

Joey : You never knew she was a lesbian?

Ross : No! She didn't know, how should I know?

이것만은 꼭

(Really와 Actually의 차이는?)
두 단어 모두 사전을 찾아보면 '정말로, 실제로' 이렇게 같은 의미로 나옵니다.
하지만, 실제 쓰임은 완전히 다릅니다. **Actually** 는 '반전'의 의미입니다.

Ross : (Central perk 커피숍을 들어오며 힘없이) 안녕.

Joey : 애가 '안녕' 이럴 때, 난 죽고 싶더라.

Mon : Ross, 괜찮아? (친구들을 바라보며) Carol이 오늘 집 나갔대.

Everyone : 저런.

Ross : (친구들에게) 괜찮을 거야. 정말로. 난 Carol이 정말 행복하길 빌어.

Mon : 글쎄, 아닐걸.

Ross : 맞아, 아니야. 사실은, (약간 화난 음성으로) 그녀가 날 떠났잖아?

Joey : Carol이 레즈비언이었다는 것도 몰랐단 말이야?

Ross : 몰랐어. 본인도 몰랐는데, 내가 어떻게 알겠어?

• It's **really** cold. (정말로 춥다 : 일반적인 '정말로' 의미로 보시면 됩니다)
• **Actually**, it's cold. (사실, 추워 : 안 추운 거 같지만 사실은 추워)

■ **왕초보 실력** 안 들키게 **발음**하기

---

1 양쪽에 T가 겹칠 때 앞의 T는 발음을 하지 않는다.

2 N 다음에 T 발음은 생략해서 발음한다.

---

1 양쪽에 T가 겹칠 때

앞의 T는 발음을 하지 않는다.

ex) Carol moved out today.

└(앞의 T는 발음을 하지 않는다.)

2 N 다음에 T 발음은 생략해서 발음한다.

ex) She didn't know.

└(T 발음은 생략해서 발음한다)

☆ **강의를 들으시면** 좀 더 확실히 **발음 연습을** 하실 수 있습니다. (강의 다운로드 받는 법 참조)

want + **to** + 동사 : ~ 하는 것을 (하길) 원해
(want to = wanna)

¹I wanna ~

1. 나는 주스를 마시길 원해. ············ **I wanna** drink juice.

2. 나는 돈을 벌길 원해. ·············· **I wanna** make money.

3. 나는 점심을 먹길 원해. ············ **I wanna** have lunch.

4. 나는 이 사무실에서 일하길 원해. ···· **I wanna** work in this office.

5. 나는 그녀를 만나길 원해. ·········· **I wanna** meet her.

²I don't wanna ~

1. 나는 물 마시는 것을 원하지 않아. ··· **I don't wanna** drink water.

2. 나는 돈 버는 것을 원하지 않아. ····· **I don't wanna** make money.

3. 나는 점심 먹는 것을 원하지 않아. ··· **I don't wanna** have lunch.

4. 나는 이 사무실에서 일하는 것을 원하지 않아.

·································· **I don't wanna** work in this office.

5. 나는 그녀를 만나는 것을 원하지 않아. ~ **I don't wanna** meet her.

Ross : Anyway, I told my parents last night,
they seemed to take it pretty well.

Mon : Oh really?

Joey : OK Ross, look. You're angry. You're lonely.
Can I tell you what the answer is?

Joey : Strip joint! C'mon, you're single!
I want you to join us.

Ross : I don't wanna be single, okay?
I just wanna be married again!

Chan : And I just wanna be a millionaire!

>>
이것만은 꼭

(대화에서 자주 말하는 Look의 의미는?)

대화에서 **Look**, 이렇게 말하고 그 다음 문장을 말하는 경우는, '봐라'라는 명령
형이 아닌, 문장을 처음 말할 때 상대방의 주목을 끌기 위해 하는 말입니다. 그럴

Ross : 어쨌든, 어제 부모님께 말씀 드렸어.
　　　　잘 받아들이시는 거 같아.

Mon : 정말?

Joey : 좋아 Ross, 있잖아, 너 화도 나고, 외롭기도 하겠지만,
　　　　이럴 때 답이 뭔지 말해줄까?

Joey : 스트립쇼 극장 가는 거야! 넌 이제 싱글이야!
　　　　난 네가 우리랑 함께하길 원한다구.

Ross : 난 싱글 원하지 않아, 알아?
　　　　난 단지 다시 결혼을 하고 싶다구.

　　　　(그때, 한 여자가 웨딩드레스를 입고 갑자기 커피숍 안으로 들어온다. 그것을 본
　　　　Chandler는 Ross의 소원이 말하면 이루어지는 걸로 짓궂게 여기면서)

Chan : 그럼…… 난 백만장자가 되고 싶어!

때는 '있잖아' 정도로 해석합니다.

• **Look**, you have to think about it. = (있잖아, 너 그거에 대해 생각해 봐야 해)

• 같은 의미로 **Look, Listen, You know what, You know** 등이 있습니다.

■ **왕초보 실력** 안 들키게 **발음**하기

> **1** S 다음에 T 발음은 생략해서 발음한다.
>
> **2** TT가 겹치면 'ㄹ'로 발음한다.

¹ S 다음에 T 발음은 생략해서 발음한다.

ex) I told my parents last night.

(T 발음은 생략해서 발음한다.)

² TT가 겹치면 'ㄹ'로 발음한다.

ex) They seemed to take it pretty well.

('ㄹ'로 발음한다.)

☆ 강의를 들으시면 좀더 확실히 발음 연습을 하실 수 있습니다. (강의 다운로드 받는 법 참조)

I want you to + 동사 :

나는 네가 ~ 하는 것을 (하길) 원해

¹I want you to ~

1. 나는 네가 그녀에게 전화하길 원해. ····· **I want you to** call her.

2. 나는 네가 무엇인가 말하길 원해. ······ **I want you to** say something.

3. 나는 네가 이 책을 읽길 원해. ········· **I want you to** read this book.

4. 나는 네가 그녀를 돕길 원해. ········· **I want you to** help her.

5. 나는 네가 그를 기다리길 원해. ········ **I want you to** wait for him.

²You want me to ~

1. 너는 내가 그녀에게 전화하길 원해. ····· **You want me to** call her.

2. 너는 내가 무엇인가 말하길 원해. ······ **You want me to** say something.

3. 너는 내가 이 책을 읽길 원해. ········· **You want me to** read this book.

4. 너는 내가 그녀를 돕길 원해. ········· **You want me to** help her.

5. 너는 내가 그를 기다리길 원해. ········ **You want me to** wait for him.

[Central perk / Rachel, Monica and their friends are there.]

Mon : Rachel?

Rach : Oh, Monica, Thank God!

Mon : Everybody, This is Rachel.
Rachel, This is everybody!

Rach : Hi!

Mon : So you wanna tell us now? or are we waiting for
your wedding?

Rach : Oh God. well, **do you want me to** tell the truth?
Before the wedding, I started wondering 'Why
am I doing this, and who am I doing this for?'
So… anyway I just didn't know where to go, and
I know that you're the only person who lived here
in the city.

Mon : Who wasn't invited to the wedding?

Rach : Ooh, I was kinda hoping that wouldn't be an
issue.

>> 이것만은 꼭

(kinda의 의미는?)

kind of 의 줄임말로 보통 말을 직접적으로 표현하기 애매할 때 많이 쓰입니다.
같은 의미로 **kind of** / **kinda** / **sort of** / **sorta** 등이 있습니다

Mon : (안으로 들어온 신부가 Rachel임을 알아보며) Rachel?

Rach : 아, Monica, 하느님 감사합니다!

Mon : 애들아, 여긴 Rachel.
　　　　Rachel, 여긴 내 친구들이야!

Rach : 안녕! (잠시 정적이 흐른 후)

Mon : 아무튼, 사연 듣길 원하는 거야 아님, 우리가 여기서 네 결혼식
　　　　기다려야 하는 거야?

Rach : 맙소사, 글쎄, 사실대로 말할까?
　　　　음, 결혼 전에, 의문이 들기 시작했어. '내가 왜 이걸 하고
　　　　있지?' 그리고 '내가 누구를 위해서 하고 있지?'라고.
　　　　아무튼, 도망갈 데가 없더라고. 이 도시에 사는 유일한 친
　　　　구는 너뿐이었고.

Mon : 근데 결혼식에는 초대도 안 해?

Rach : 아, 그걸로 문제가 안 되길 그저 좀 바랐는데.

• This book is **kinda** boring = (이 책 그저 좀 지루해)
• She is **kind of** cute = (그녀는 그저 좀 귀여워)

27

> **1** T가 단어 중간에 있을 때는 약한 'ㄷ'이나 'ㄹ'로 발음한다.
>
> **2** R 다음에 T 발음은 'ㄹ'로 변형시켜 발음한다.

1 T가 단어 중간에 있을 때는
약한 'ㄷ'이나 'ㄹ'로 발음한다.

ex) Are we waiting for your wedding?
└─(약한 'ㄷ'이나 'ㄹ'로 발음한다.)

2 R 다음에 T 발음은
'ㄹ'로 변형시켜 발음한다.

ex) I started wondering.
└─('ㄹ'로 변형시켜 발음한다.)

☆ 강의를 들으시면 좀 더 확실히 발음 연습을 하실 수 있습니다. (강의 다운로드 받는 법 참조)

Do you want me to + 동사 :

내가 ~ 하는 것을 (하길) 원하니?

¹Do you want me to ~

1. 내가 너와 함께 있길 원하니? ···· **Do you want me to** stay with you?

2. 내가 너 대신 돈 내길 원하니? ····· **Do you want me to** pay for you?

3. 내가 직업을 찾길 원하니? ······· **Do you want me to** find my job?

4. 내가 병원 가길 원하니? ········· **Do you want me to** see my doctor?

5. 내가 너에게 뭔가 말하길 원하니? ·· **Do you want me to** tell you something?

Scene No. 04

[Monica's room / Rachel is calling her father in the room.]

Rach : Daddy, I'm serious. I'm sorry, but I can't marry him! I just don't love him.

Rach : C'mon Daddy, listen to me! It's like, all of my life, everyone has always told me, 'You're a shoe! You're a shoe, you're a shoe!'

And today I just stopped and I said, 'What if I don't wanna be a shoe? What if I wanna be a purse, you know? Or a hat!'

No, I'm not saying I want a hat, I **just wanted to** say a metaphor. It's a metaphor, Daddy!

>> 이것만은 꼭

(I'm serious의 의미는?)

대화 중 '나 정말이야', '나 농담 아냐' 이런 의미로 주로 쓰입니다.

같은 의미로 **I'm not joking** / **I'm not kidding** / **It's no joke** 등이

Rach : (전화기를 들고 아빠와 통화하면서) 아빠, 정말이에요. 미안하지만 저 그 남자랑 결혼 못해요. 사랑하지 않아요.

Rach : 제발 아빠. 제 말 좀 들어보세요. 내 인생 내내 모든 사람들이 항상 나한테 '넌 신발이야, 신발이야, 신발이야' 이렇게 말했어요.

근데 어느 날 갑자기 내가 '만약 내가 신발이길 원하는 게 아니라면 어쩌지? 내가 지갑이길 원하면 어쩌지? 아니면 모자라도?' 이랬다고 보세요.

(잠깐 아빠의 얘기를 듣다가) 아니요. 모자 원한다는 게 아니구요. 그냥 비유를 하는 거에요. 은유법이라구요. 아빠!

있습니다.

- **I'm serious**, I miss him = (나 정말이야, 그가 보고 싶어)
- **I'm not kidding**, I'm full = (나 정말이야, 배불러)

■ **왕초보 실력** 안 들키게 **발음**하기

---

1 N, S 다음에 T 발음은 생략해서 발음한다.

2 규칙동사 과거형 끝 ED 발음은 보통 생략해서 발음한다.

---

¹ N, S 다음에
T 발음은 생략해서 발음한다.

ex) I just don't love him.

└─(T 발음은 생략해서 발음한다.)

² 규칙동사 과거형 끝 ED 발음은
보통 생략해서 발음한다.

ex) I just stopped.

└─(보통 생략해서 발음한다.)

☆ **강의를 들으시면 좀 더 확실히 발음 연습을 하실 수 있습니다.** (강의 다운로드 받는 법 참조)

I just wanted to + 동사 :

나는 단지 ~ 하려고 했어

¹I just wanted to ~

1. 나는 단지 그녀를 데려다 주려고 했어.⋯ **I just wanted to** give her a ride.

2. 나는 단지 사실을 말하려고 했어.⋯⋯ **I just wanted to** tell the truth.

3. 나는 단지 그녀를 가르치려고 했어.⋯⋯ **I just wanted to** teach her.

4. 나는 단지 안부 인사 하려고 했어. ⋯⋯ **I just wanted to** say hello.

5. 나는 단지 일정을 취소하려고 했어.⋯⋯ **I just wanted to** cancel my schedule.

[Monica's room / Rachel, Monica, Phoebe and their friends are in the room.]

Mon : Just breathe, breathe. Just try to think of nice things….

Phoeb : Raindrops on roses and rabbits and kittens ～

Rach : I'm all better now.

Mon : Okay, <u>don't worry</u>, you know? Independence! The whole 'hat' thing!

Joey : And! you can always come to Joey. I live across the hall.

Mon : Joey, stop hitting on her! It's her wedding day!

Joey : What? **I just wanted to let** her know!

(Don't worry의 의미는?)

상대방에게 '걱정하지마', '진정해'라는 의미로 쓰입니다.

같은 의미로 **Stop worrying / No need to worry / Take it easy**

해설

Mon : 숨 들이쉬어, 숨 쉬라고. 그냥 좋은 걸 생각해 봐.

Phoeb : 장미꽃 위에 가랑비 오고 토끼와 새끼 고양이들이 있네~

Rach : (노래를 극구 말리며) 나 이제 완전히 괜찮아.

Mon : 괜찮아, 걱정하지 말라구. 넌 독립한 거야!
　　　순전히 '모자' 같은 삶!
Joey : 그리고! (느끼하게) 항상 Joey 나에게 와도 돼.
　　　난 복도 건너편에 살거든.
Mon : Joey, Rachel 좀 귀찮게 하지 마! 오늘 Rachel 결혼식이
　　　었다고!
Joey : (당황하며) 내가 뭘? 난 단지 알려주려고 했을 뿐이라고!

등이 있습니다.

- **Don't worry**, you can pay me later = (걱정 마, 나중에 갚아도 돼)
- **Take it easy**, we'll not be late = (진정해, 우리는 안 늦을 거야)

■ **왕초보 실력** 안 들키게 **발음**하기

---

1 TT가 겹치면 '르'로 발음한다.

2 N, S 다음에 T 발음은 생략해서 발음한다.

1| TT가 겹치면 '르'로 발음한다.

ex) Stop hitting on her.
    └('르'로 발음한다.)

2| N, S 다음에
       T 발음은 생략해서 발음한다.

ex) I just wanted to let her know.
    └(T 발음은 생략해서 발음한다.)

☆ 강의를 들으시면 좀 더 확실히 발음 연습을 하실 수 있습니다. (강의 다운로드 받는 법 참조)

I just wanted to let you
+ 동사 :

나는 단지 너를 ~ 하게 하고 싶었을 뿐이야

¹I just wanted to let you ~

1. 나는 단지 너를 알게 하고 싶었을 뿐이야.

..................................**I just wanted to let you** know.

2. 나는 단지 너를 가게 하고 싶었을 뿐이야.

..................................**I just wanted to let you** go.

3. 나는 단지 너를 일하게 하고 싶었을 뿐이야.

..................................**I just wanted to let you** work.

4. 나는 단지 너를 그녀 만나게 하고 싶었을 뿐이야.

..................................**I just wanted to let you** meet her.

5. 나는 단지 너를 점심 먹게 하고 싶었을 뿐이야.

..................................**I just wanted to let you** have lunch.

Scene No. 06

[Monica's room / Ross, Monica and their friends are in the room.]

Paul : It's Paul.

Mon : Oh God, is it 6 : 30? Buzz him in!

Ross : He finally asked you out?

Mon : Yes! wait… wait… wait… Rach… uhm… I can cancel….

Rach : Please, no, go. That'd be fine!

All : Hey! Paul! Hi!

Mon : Okay, I'll just be right back, I just gotta go.

Ross : **What do you want to** do?

Mon : Change! Okay, sit down. Two seconds.

(gotta의 의미는?)

회화에서 제일 많이 쓰이는 표현으로 '곧~해야 한다'란 의미로 **got to**를 줄인 말.
같은 의미의 표현은 **got to** / **have got to** 등이 있습니다.

해설

Paul : (인터컴으로 대답하면서) Paul이에요.

Mon : 세상에. 벌써 6시 30분이야? 들어오라고 해!

Ross : 저 남자가 드디어 너보고 데이트 신청 했어?

Mon : 그럼! 근데, Rachel, 나 취소해도 돼.

Rach : 제발 그러지 마. 난 괜찮아!

All : (집으로 들어오는 Paul에게) 안녕하세요, Paul!

Mon : (Paul에게) 좋아, 곧 돌아올게요. 지금 가야 해서….

Ross : 뭐 하려고?

Mon : 옷 갈아입으려고! 좋아, 여기 앉아요. 잠시만 기다려줘요.

• I **gotta** go = (나가야겠어 / 전화 중일 때는 '지금 끊어야 해'로 쓰임)
• You **gotta** get to the airport = (너 공항에 도착해야 해)

■ **왕초보 실력** 안 들키게 **발음**하기

> **1** 'WOULD'는 'apostrophe'에 숨겨서 발음해 준다.
>
> **2** TT가 겹치면 'ㄹ'로 발음한다.

1 'WOULD'는
'apostrophe'에 숨겨서 발음해 준다.

ex) That'd be fine.
('apostrophe'에 숨겨서 발음해 준다.)

2 TT가 겹치면 'ㄹ'로 발음한다.

ex) I just gotta go.
('ㄹ'로 발음한다.)

☆ 강의를 들으시면 좀 더 확실히 발음 연습을 하실 수 있습니다. (강의 다운로드 받는 법 참조)

What do you wanna + 동사 :

너는 무엇을 ~ 하는 것을 (하기를) 원해?

¹What do you wanna ~

1. 너는 무엇을 알기를 원해? ·········· **What do you wanna** know?

2. 너는 무엇을 먹기를 원해? ········· **What do you wanna** eat?

3. 너는 무엇을 말하기를 원해? ········ **What do you wanna** say?

4. 너는 무엇을 가지기를 원해? ········ **What do you wanna** have?

5. 너는 무엇을 주문하기를 원해? ······ **What do you wanna** order?

[Monica's room / Ross and Rachel are in the room.]

Ross : So Rachel, what're you up to tonight?

Rach : Well, I was kinda supposed to be in Aruba on my
        honeymoon……, so nothing!

Ross : Aruba? this time of year, big lizards.
        Anyway if you're free, could you help me?

Rach : Help you? **What do you want me to** do for you?

Ross : Joey and Chandler are coming over to help me
        put together my new furniture.

Rach : Well actually, I think I'm just gonna hang out
        here tonight. It's been kinda a long day.

Ross : Okay, sure.

(anyway의 의미는?)

대화에서는 화제를 전환하기 위해 '아무튼, 그런데' 의미로 쓰입니다.

같은 의미로는 **anyhow** / **by the way** 등이 있습니다.

해설

(친구들이 모두 나간 후 Ross와 Rachel만 남아있다)

Ross : 그래서, Rachel, 오늘 밤 뭐 할 거야?

Rach : 글쎄, 지금 이 시간엔 허니문으로 Aruba에 있어야 하는 건 데…… 할 거 없어!

Ross : Aruba? 음. 이 시기엔 도마뱀만 많지. 아무튼, 시간 되면 나 좀 도와줄래?

Rach : 널 도와? 뭘 해주길 원하는데?

Ross : Joey하고 Chandler가 내 새 가구 조립하는 거 도우러 올 거야.

Rach : 글쎄, 실은 나 오늘 여기 좀 돌아다니려고 하는데. 긴 하루 였거든.

Ross : 그래, 좋아.

• **Anyway**, I'm almost done = (아무튼, 난 거의 다 했어)

• **By the way**, what's the next? = (그런데, 다음은 뭐니?)

■ **왕초보 실력** 안 들키게 **발음**하기

---

1 D와 T가 충돌할 때 앞의 알파벳은 생략해서 발음한다.

2 'HAVE'는 완료형일 때 'apostrophe'에 숨겨서 발음 해 준다.

---

1 | D와 T가 충돌할 때
앞의 알파벳은 생략해서 발음한다.

ex) I was suppose**d** to be in Aruba.
└─(앞의 알파벳은 생략해서 발음한다.)

2 | 'HAVE'는 완료형일 때
'apostrophe'에 숨겨서 발음해 준다.

ex) It'**s** been a long day.
└─('apostrophe'에 숨겨서 발음한다.)

☆ 강의를 들으시면 좀 더 확실히 발음 연습을 하실 수 있습니다. (강의 다운로드 받는 법 참조)

What do you want me to

+ 동사 :

너는 내가 무엇을 ~ 하는 것을 (하기를) 원해?

¹What do you want me to ~

1. 너는 내가 무엇을 알기를 원해? ········· **What do you want me to** know?

2. 너는 내가 무엇을 먹기를 원해? ········· **What do you want me to** eat?

3. 너는 내가 무엇을 말하기를 원해? ······· **What do you want me to** say?

4. 너는 내가 무엇을 가지기를 원해? ······· **What do you want me to** have?

5. 너는 내가 무엇을 주문하기를 원해? ···· **What do you want me to** order?

I am 패턴

8 ~ **25** 강

Scene
No. **08**

[Restaurant / Monica and Paul are talking in the restaurant.]

Paul : Ever since she walked out on me, I, uh….

Mon : What?…… What do you wanna say?

Paul : No, it's, it's more of a fifth date thing.

Mon : Oh, so there **is gonna** be a fifth date?

Paul : Isn't there?

Mon : Yeah… yeah, I think there is. What **were you gonna** say?

Paul : Well, ever since she left me, um, I haven't been able to perform… Sexually.

Mon : Wow…. I'm sorry. how long?

Paul : Two years.

Mon : Wow! I'm so sorry.

Paul : So you still think you might want that fifth date?

Mon : Yeah, Yeah, I do.

>>

이것만은 꼭

(might의 의미는?)

'**may**' 보다 좀 더 소극적인 추측이라고 해석하면 됩니다. '**may**'보다 더 많이 쓰임.

Paul : (외식하면서 대화한다) 그녀가 나를 떠난 이후로… 음….

Mon : 뭐요? 무슨 얘기 하려고요?

Paul : 아니에요. 한 다섯 번쯤 만났을 때 얘기해야 하는 건데.

Mon : (기뻐하면서) 아, 그럼 5번이나 만나려고요?

Paul : 기회가 없나요?

Mon : 아니요. 좋아요. 뭘 말하려고 했어요?

Paul : 음, 그녀가 떠난 이후로, 난 여성과 사랑을 나눠 본 적이 없어요. … 성적으로요.

Mon : (큰 소리로) 와우! 아, 미안요…. 얼마나 오랜 동안요?

Paul : 2년이요.

Mon : (큰 소리로) 와우!!! 아, 정말 미안요.

Paul : 이래도, 여전히 저랑 5번이나 만나길 원해요?

Mon : 그럼요, 그럼요, 그러길 바라요.

• Some people **might** say no = (어떤 사람들은 아니라고 말할지도 모르겠어)
• I **might** be forgotten = (나 잊혀진지도 모르겠어)

■ **왕초보 실력** 안 들키게 **발음**하기

---

1 N 다음에 T 발음은 생략해서 발음한다.

2 단어 끝이 T로 끝날 때는 받침 발음한다.

---

1 N 다음에 T 발음은 생략해서 발음한다.

ex) I haven't been able to perform.

└(T 발음은 생략해서 발음한다.)

2 단어 끝이 T로 끝날 때는 받침 발음한다.

ex) You might want that fifth date.

└(받침 발음한다.)

☆ **강의를 들으시면 좀 더 확실히 발음 연습을 하실 수 있습니다.** (강의 다운로드 받는 법 참조)

I am going to (**gonna**) + 동사 :

나는 ~ 할 거야

¹I am gonna ~

1. 나는 영어를 배울 거야. ······· **I am gonna** learn English.
2. 나는 해낼 거야. ············· **I am gonna** make it.
3. 나는 그와 결혼할 거야. ······· **I am gonna** marry him.
4. 나는 담배를 끊을 거야. ······· **I am gonna** quit smoking.

²Are you gonna ~?

1. 너 영어 배울 거야? ·········· **Are you gonna** learn English?
2. 너 해낼 거야? ··············· **Are you gonna** make it?
3. 너 그와 결혼할 거야? ········ **Are you gonna** marry him?
4. 너 담배 끊을 거야? ·········· **Are you gonna** quit smoking?

[Ross' room / Ross, Joey and Chandler are putting together Ross' new furniture]

Ross : This was Carol's favorite beer. She always drank it out of the can, I should have known then.

Joey : Hey—hey—hey—hey, if you're gonna start with that stuff, we're outta here.

Chan : Yes, please don't spoil all this fun.

Ross : **I'm just about to** forget her.

Joey : Ross, let me ask you a question. She got the furniture, the stereo, and the good TV. what did you get?

Ross : You guys.

Chan : Oh, God.

Joey : You got screwed.

(should have p.p의 의미는?)

should have p.p = '∼했었어야 했는데, 결국 못 했다'

could have p.p = '∼할 수 있었는데 결국 못 했다'

해설

Ross : (가구 조립하다 맥주캔을 들고) 이건 Carol이 좋아했던 맥주인데. 항상 캔으로 마셨지. 그때 알았어야 했는데.

Joey : 야– 야– 야– 야– 또 시작하려면, 우리 나갈래.

Chan : 그래. 이 분위기 좀 망치지 말라고.

Ross : 막 그녀를 잊으려던 참이야.

Joey : Ross, 궁금한 게 있어. Carol은 가구, 스테레오, TV 모두 가졌는데, 넌 뭘 가졌어?

Ross : 너희들이 있잖아.

Chan : 세상에.

Joey : 맛 갔군.

• I **should have listened** to you = (내가 너의 말을 들었어야 했는데 안 들었다.)
• I **could have listened** to you = (내가 너의 말을 들을 수 있었는데 못 들었다.)

> **1** R 다음에 T 발음은 생략해서 발음한다.
>
> **2** TT가 겹치면 'ㄹ'로 발음한다.

¹ R 다음에 T 발음은 생략해서 발음한다.

ex) If you're gonna start with that stuff.

ㄴ(T 발음은 생략해서 발음한다.)

² TT가 겹치면 'ㄹ'로 발음한다.

ex) We're outta here.

ㄴ('ㄹ'로 발음한다.)

☆ **강의를 들으시면 좀 더 확실히 발음 연습을 하실 수 있습니다.** (강의 다운로드 받는 법 참조)

I am (just) about to + 동사 :

나 막 ~ 하려던 참이야.

¹I am just about to ~

1. 나 막 너한테 전화하려던 참이야. ···· **I am just about to** call you.

2. 나 막 뭐 말하려던 참이야. ········· **I am just about to** say something.

3. 나 막 포기하려던 참이야. ········· **I am just about to** throw in a towel.

4. 나 막 생각나려던 참이야. ········· **I am just about to** cross my mind.

5. 나 막 택시 타려던 참이야. ········· **I am just about to** take a taxi.

Scene No. 10

[Chandler's room / Ross, Joey and Chandler are talking in the room]

Ross : I'm divorced! I'm only 26 and I'm divorced!

Joey : Shut up!

Chan : You must stop!

Ross : What if there's only one woman for everybody?
I mean, what if you get one woman and that's it?
Unfortunately in my case, there was only one
woman for her….

Joey : What are you talking about? 'One woman'?
That's like saying there's only one flavor of ice
cream for you. C'mon, there's lots of flavors out
there.

Ross : **I am here to** take comfort. but, now, I don't know,
if I'm hungry or horny.

Chan : Stay out of my freezer!

(Come on = C'mon의 의미는?)

'제발 좀 그만해'라는 의미와 '망설이지 말고 제발 해'라는 재촉의 의미가 있다.

Ross : 난 이혼했어. 이제 겨우 26살인데, 이혼이라니….

Joey : 제발 좀!

Chan : 그만 해!

Ross : 만약에 말이야, 사람마다 꼭 한 명의 여자만 주어진다면 어쩌지?
말하자면, 한 명의 여자하고만 만나고 그게 끝이라면?
불행히도, 나란 녀석은 한 명의 여자가 다른 여자한테 간
거라니까.

Joey : 무슨 소리야? 한 명의 여자?
마치 세상에 아이스크림 맛이 1개인 것처럼 말하네. 제발, 세
상에는 수많은 맛이 있어.

Ross : 위로 받으려고 왔는데 솔직히 이제는 배가 고픈 건지, 여자
가 고픈 건지도 모르겠어.

Chan : 내 냉장고에서 좀 떨어져 줘!

• Come on = **Stop it / Drop it / Enough / Knock it off** = '제발 좀 그만해'

• Come on = **Please / For God's sake** = '망설이지 말고 제발 해'

■ **왕초보 실력** 안 들키게 **발음**하기

---

1 N 다음에 D 발음은 생략해서 발음한다.

2 S 다음에 T 발음은 생략해서 발음한다.

---

¹ N 다음에 D 발음은 생략해서 발음한다.

ex) I'm only 26 and I'm divorced!

└(D 발음은 생략해서 발음한다.)

² S 다음에 T 발음은 생략해서 발음한다.

ex) You must stop.

└(T 발음은 생략해서 발음한다.)

☆ **강의를 들으시면 좀 더 확실히 발음 연습을 하실 수 있습니다.** (강의 다운로드 받는 법 참조)

I am here to + 동사 :

나 ~ 하러 왔어

¹I am here to ~

1. 너를 도와주러 왔어. ········· **I am here to** help you.

2. 너랑 머무르려고 왔어. ····· **I am here to** stay with you.

3. 상사 만나보러 왔어. ········· **I am here to** see your boss.

4. 머리 다듬으러 왔어. ········· **I am here to** get a trim.

5. 은행 계좌 만들러 왔어. ··· **I am here to** make a deposit.

1. 나는 혼자 걷고 싶지 않아.

----

2. 너는 내가 직장을 구하기를 원한다.

----

3. 나는 네가 그것에 대해 생각해 보길 바라.

----

4. 내가 너 대신 지불하길 원해?

----

5. 난 단지 사실을 말하려고 했을 뿐이야.

정답 ⁺ 1. **I don't wanna** walk alone.
　　　 2. **You want me to** find my job.
　　　 3. **I want you to** think about it.
　　　 4. **Do you want me to** pay for you?
　　　 5. **I just wanted to** tell the truth.

6. 너는 내가 무엇을 먹기를 원해?

----

7. 나는 막 생각나려던 참이야.

----

8. 너는 무엇을 주문하기를 원해?

----

9. 나는 담배를 끊을 거야.

----

10. 너랑 머물려고 왔어.

정답 ╬ 6. **What do you want me to** eat?
     7. **I am just about to** cross my mind.
     8. **What do you wanna** order?
     9. **I am gonna** quit smoking.
     10. **I am here to** stay with you.

[Monica's room / Rachel is on the phone to Barry]

Rach : Barry, **I'm calling to** apologize for my fault.
I'm sorry···. I am so sorry···. I know you
probably think this is all about what I said the
other day about making love with your socks on,
but it isn't··· it isn't, it's about me, and I just······
Hi, machine cut me off again··· anyway···look,
look,
I know that some girl is going to be lucky to
become Mrs. Barry Finkel, but it isn't me, it's not
me. Hello? hello?

(사과할 때 표현은?)
– **I'm (very / so / terribly) sorry** : '정말 미안합니다'

해설

Rach : Barry, 제 잘못에 대해 사과하려고 전화했어요.

　　　　미안해요, 정말 미안해요…. 아마 전날 당신이 양말 신고 자는 걸 내가 뭐라고 그랬다고, 그래서 내가 그럴 거라고 당신이 생각하는 거 알아요.

　　　　근데 그거 아니에요. 나 때문이에요, 난 그저… (전화가 뚝 끊긴다) 저기요, 자동응답기가 또 끊어졌어요. 아무튼, 저기요, 저기….

　　　　당신의 부인이 되는 행운의 여자가 있을 거예요. 하지만 전 아닌 거 같아요. 전 아니에요. 여보세요? 여보세요?

• I apologize to you : '당신께 사과드립니다' / 좀 더 공손한 사과의 표현.

• I owe you an apology : '당신한테 사과해야 할 일이 있는데요'

• This is my token of apology : '사과 의미로 드리는 겁니다'

■ **왕초보 실력** 안 들키게 **발음**하기

---

1 ING는 '잉'이 아닌 'ㄴ'으로 발음한다.

2 D와 TH가 충돌할 때 앞의 알파벳은 생략해서 발음한다.

---

1 ING는
'잉'이 아닌 'ㄴ'으로 발음한다.

ex) I'm calling to apologize for my fault.
    └('잉'이 아닌 'ㄴ'으로 발음한다.)

2 D와 TH가 충돌할 때
앞의 알파벳은 생략해서 발음한다.

ex) This is all about what I said the other day.
                              └(앞의 알파벳은 생략해서 발음한다.)

☆ **강의를 들으시면 좀 더 확실히 발음 연습을 하실 수 있습니다.** (강의 다운로드 받는 법 참조)

I'm calling to + 동사 :

~ 하려고 전화했어요

¹I'm calling to ~

1. 약속 잡으려고 전화했어요. ·········· **I am calling to** make an appointment.

2. 스케줄 취소하려고 전화했어요. ····· **I am calling to** cancel my schedule.

3. 비행기 표 확인하려고 전화했어요. ···· **I am calling to** confirm my flight ticket.

4. 작별 인사 하려고 전화했어요. ······· **I am calling to** say goodbye.

5. 부탁하려고 전화했어요. ············· **I am calling to** ask you a favor.

Scene No. 12

[Monica's room / Rachel and Monica are talking in the morning]

Rach : So, you guys all have jobs?

Mon : Yeah, we all have jobs. That's how we buy stuff.

Mon : So how are you doing today? Did you sleep okay? I can't stop smiling.

Rach : I can see that. You look like you slept with a hanger in your mouth.

Mon : I know.

Rach : Want a wedding dress? Hardly used.

Mon : Thanks, but I am just going to get up, go to work.

Rach : Oh, look, wish me luck!

Mon : What for?

Rach : **I'm trying to** find my job.

(what for의 의미는?)

왜? 무엇 때문에?란 의미로 보통 줄여서 쓰입니다.

같은 의미로 **why** (왜) / **for what** (무엇 때문에) / **how come** (어째서)

Rach : 근데, 너희들 모두 직업이 있는 거야?

Mon : 응, 모두 일해. 그래야 물건을 사지.

Mon : 근데, 오늘은 어때? 잘 잤어? (Paul을 생각하며) 난 웃음이 멈추지를 않아.

Rach : 그래 보여, 너 밤새 입에 옷걸이 걸고 잔 거 같아.

Mon : 나도 알아.

Rach : 웨딩 드레스 원해? 내 거 한 번도 안 썼는데.

Mon : 고마워, 근데, 나 이제 일어나서 일하러 가야겠다.

Rach : 아, 맞다. 행운을 빌어줘!

Mon : 뭣 때문에?

Rach : 나도 일자리 찾고 있는 중이거든.

등이 있습니다.

A : '**I have to see a doctor**' / 병원 가야 해

B : '**What for**?' / 왜?

■ **왕초보 실력** 안 들키게 **발음**하기

---

1 CAN'T를 발음할 때는 T를 생략하고 강세를 준다.

2 CAN을 발음할 때는 뒤의 단어에 강세를 준다.

---

1 CAN'T를 발음할 때는
T를 생략하고 강세를 준다.

ex) I **can't** stop smiling.
   └(T를 생략하고 강세를 준다.)

2 CAN을 발음할 때는
뒤의 단어에 강세를 준다.

ex) I can **see** that.
   └(뒤의 단어에 강세를 준다.)

☆ **강의**를 들으시면 좀 더 확실히 **발음** 연습을 하실 수 있습니다. (강의 다운로드 받는 법 참조)

I'm trying to + 동사 :

~ 하려고 노력하는 중이야

¹ I'm trying to ~

1. 자려고 노력하는 중이야. ················ **I am trying to** sleep.

2. 공부하려고 노력하는 중이야. ·········· **I am trying to** study.

3. 살을 빼려고 노력하는 중이야. ·········· **I am trying to** lose weight.

4. 그녀를 잊으려고 노력하는 중이야. ····· **I am trying to** forget her.

5. 나쁜 버릇을 고치려고 노력하는 중이야. ··· **I am trying to** break my bad habit.

[Monica's room / Joey and Chandler are sitting around the table]

Rach : Isn't this amazing? I mean, I've never made coffee before in my life.

Chan : **I'm not saying** this as a joke. That is amazing!

Joey : Congratulations!

Rach : Y'know, I figure if I can make coffee, there isn't anything I can't do.

Joey : Listen, if you feel like, would you make me a Western omelet or something?

Although, actually I'm really not that hungry.

('that + 형용사'에서 that의 의미는?)

형용사 앞에 쓰는 **that**은 '저것'이란 의미가 아니라, 뒤의 형용사를 강조하는 말입니다. '그렇게 매우' 이렇게 해석하시면 됩니다. **very**보다 더 많이 씁니다.

해설

Rach : (친구들 커피를 가져오면서) 놀랍지 않아? 내 인생에서 커피 타 본 적이 없거든.

Chan : 농담으로 하는 말 아니야. 놀라워!

Joey : 축하할 일이야!

Rach : 그거 알아, 커피를 타 봤으니, 어떤 것도 해낼 수 있을 것 같아.

Joey : 저기, 괜찮으면, 오믈렛 같은 것 좀 만들어 줄래?
(Rachel의 커피를 맛보더니 몰래 앞의 탁자 화분에 뱉으면서) 근데, 사실 나 정말 그렇게 배는 안 고파.

• She is not **that** young = (그녀는 그렇게 어리지는 않아)
• I am not **that** busy = (난 그렇게 바쁘진 않아)

■ **왕초보 실력** 안 들키게 **발음**하기

> **1** 'HAVE'는 완료형일 때 'apostrophe'에 숨겨서 발음한다.
>
> **2** N 다음에 T 발음은 생략해서 발음한다.

1 | 'HAVE'는 완료형일 때
'apostrophe'에 숨겨서 발음한다.

ex) I've never made coffee before in my life.
└('apostrophe'에 숨겨서 발음한다.)

2 | N 다음에 T 발음은 생략해서 발음한다.

ex) There isn't anything I can't do.
└(T 발음은 생략해서 발음한다.)

☆ **강의를 들으시면 좀 더 확실히 발음 연습을 하실 수 있습니다.** (강의 다운로드 받는 법 참조)

I'm saying ~ : ~ 라고 말하는 거야

¹ I'm saying (that) ~

1. 그게 너의 잘못이라고 말하는 거야. ·· **I am saying (that)** it's your fault.

2. 나 모른다고 말하는 거야. ·········· **I am saying (that)** I don't know.

3. 이거 친구로서 말하는 거야. ········ **I am saying this** as a friend.

4. 내가 너 좋으니까 이거 말하는 거야. ·· **I am saying this** because I like you.

² I'm not saying (that) ~

1. 그게 너의 잘못이라고 말하는 건 아니야.

································ **I am not saying (that)** it's your fault.

2. 나 모른다고 말하는 건 아니야.

································ **I am not saying (that)** I don't know.

3. 이거 친구로서 말하는 건 아니야.

································ **I am not saying this** as a friend.

4. 내가 너 좋아서 이거 말하는 건 아니야.

································ **I am not saying this** because I like you.

[Restaurant's kitchen / Monica and Frannie are cooking in the restaurant]

Frannie : Hey, Monica!

Mon : Hey, Frannie.

Frannie : You had a date with Paul, <u>right</u>?

Mon : How do you know that? You know Paul?

Frannie : Oh yeah, I know Paul.

Mon : You mean you know Paul like I know Paul?

Frannie : Are you kidding? You know, before me, there was no dating for two years.

Mon : What?

Frannie : **I'm telling you**, I take credit for Paul.

(말 끝에 **right** 를 붙이는 이유는?)
뒤에 강조할 때 붙이는 것을 부가의문문이라고 합니다. 앞 문장이 긍정이면 부정.
앞 문장이 부정이면 뒤에 긍정을 씁니다. 이것을 **right**로 통일해 쓰기도 합니다.

74

해설

Frannie : 안녕, Monica!

Mon : 안녕, Frannie.

Frannie : Paul하고 데이트했구나, 그렇지?

Mon : 그거 어떻게 알아? Paul을 알아?

Frannie : 응, Paul을 알지.

Mon : 내가 Paul을 아는 만큼, 너도 그에 대해 안다고?

Frannie : 장난해? 나 만나기 전에, 2년간 데이트 한번 못 해 봤대.

Mon : 뭐라고?

Frannie : 정말이야, Paul이 나한테 감사해야지.

• You had a date, didn't you (= **right**)? : 너 데이트했지, 그렇지 않아?
• You did not have lunch, did you (= **right**)? : 너 점심 안 먹었지, 그렇지?

■ **왕초보 실력** 안 들키게 **발음**하기

---

1 T가 단어 중간에 있을 때는 약한 'ㄷ'이나 'ㄹ'로 발음한다.

2 단어 끝이 T로 끝날 때는 받침 발음한다.

---

1 T가 단어 중간에 있을 때는
약한 'ㄷ'이나 'ㄹ'로 발음한다.

ex) There was no da**t**ing for two years.
└─(약한 'ㄷ'이나 'ㄹ'로 발음한다.)

2 단어 끝이 T로 끝날 때는 **받침 발음한다.**

ex) I take credi**t** for Paul.
└─(받침 발음한다.)

☆ **강의를 들으시면 좀 더 확실히 발음 연습을 하실 수 있습니다.** (강의 다운로드 받는 법 참조)

I'm telling you. ~ : 정말이야

¹I'm telling you, ~

1. 정말이야, 나 배불러. ········· **I am telling you**, I'm full.

2. 정말이야, 그 사람이야. ······· **I am telling you**, it's him.

3. 정말이야, 그 사람 솔로래. ···· **I am telling you**, he is single.

4. 정말이야, 나 거기 가본 적 없어.

·································· **I am telling you**, I've never been there.

5. 정말이야, 내가 너 데려다 줄게.

·································· **I am telling you**, I'm gonna give you a ride.

[Central perk / Monica and her friends are there]

Joey : Of course, it was a line!

Mon : Why? Why would anybody do something like that?

Mon : I hate men! I hate men!

Phoeb : Oh no, don't hate, you put that out into the universe.

Mon : Is it me? Why me?

Phoeb : All right, C'mon, gimme your feet.

Mon : **I'm done with** him. I just thought he was nice, y'know?

Joey : I can't believe you didn't know it was a line!

 (Gimme의 의미는?)

Give me를 소리나는 대로 그냥 **Gimme**라고 쓰기도 한다.

Joey : (Monica를 비웃으며) 물론, 그건 작업 멘트지!

Mon : 왜? 도대체 남자들은 왜 그래?

Mon : 남자 싫다. 정말 싫다.

Phoeb : 아, 그러지 마. 자연의 법칙을 벗어나는 거야.

Mon : 나야? 그게 왜 나야?

Phoeb : 좋아. 이리 와. 발 좀 줘 봐. (Phoebe는 Monica 발 마사지를 해 준다.)

Mon : 그 사람이랑 끝났어. 참 좋은 사람이라고 생각했었는데…(모두 안됐다는 표정으로 Monica를 본다)

Joey : 작업 멘트도 몰랐다니, 말이 돼? (Joey가 눈치 없이 배를 잡고 웃는다)

• **Gimme** a break : 설마!
• **Gimme** five : 화이팅!

■ **왕초보 실력** 안 들키게 **발음**하기

---

1 WOULD 끝의 D는 받침 발음한다.

2 S 다음에 T 발음은 생략해서 발음한다.

---

¹ WOULD 끝의 D는 받침 발음한다.

ex) Why would anybody do something like that?
└──(받침 발음한다.)

² S 다음에 T 발음은 생략해서 발음한다.

ex) I just thought he was nice.
└──(T 발음은 생략해서 발음한다.)

☆ **강의를 들으시면 좀 더 확실히 발음 연습을 하실 수 있습니다.** (강의 다운로드 받는 법 참조)

I'm done with ~ : 나 ~ 다 끝났어

¹ I'm done with ~

1. 나 시험 다 끝났어. ········· **I'm done with** the test.

2. 나 리포트 다 끝났어. ······· **I'm done with** my paper.

3. 나 화장 다 끝났어. ········· **I'm done with** my make-up.

² Are you done with ~

1. 너 이거 다 끝냈니? ········ **Are you done with** this?

2. 너 전화 다 끝냈니? ······· **Are you done with** your phone?

3. 너 신문 다 읽었니? ······· **Are you done with** this newspaper?

Scene No. 16

[Monica's room / Rachel, Ross and Monica are there]

Rach : Guess what?

Ross : You got a job?

Rach : Are you kidding?
I was laughed out of twelve interviews today.

Rach : I got boots on sale, fifteen percent off!

Mon : How did you pay for them?

Rach : Uh, credit card.

Mon : And who pays for that?

Rach : Um··· my··· father.

Mon : You can't live off your parents your whole life.

Rach : **I'm afraid** not. That's why I was getting married.

이것만은 꼭

(동사 뒤에 **off**가 붙을 때 단어의 의미는?)

'**off**' 는 '가깝게 ~ 약간 떨어져서' 라는 의미로 해석한다.

(**live off** / **take off**)

Rach : (쇼핑 가방들을 들어 보이며) 뭔지 알아?

Ross : 취직했니?

Rach : 장난해? 12개 회사 면접에서 웃음거리만 됐어.

Rach : 나 세일로 부츠 샀어. 15%나 싸게!

Mon : 어떻게 결제했어?

Rach : 신용카드로.

Mon : 누가 갚는데?

Rach : 음… 뭐 우리… 아빠.

Mon : 넌 네 인생 내내 부모에 의지해서는 못 살아.

Rach : 그런 거 같아. 그래서 결혼하려고 했던 거거든.

• I live **off** my elder brother = (나는 형에게 의지해서 산다)
• I don't wanna take **off** my hat = (나는 내 모자를 벗고 싶지 않다)

■ **왕초보 실력** 안 들키게 **발음**하기

---

1 CAN'T를 발음할 때는 T를 생략하고 강세를 준다.

2 TT가 겹치면 'ㄹ'로 발음한다.

1│ CAN'T 를 발음할 때는

T를 생략하고 강세를 준다.

ex) You can't live off your parents.
       └─(T를 생략하고 강세를 준다.)

2│ TT가 겹치면 'ㄹ'로 발음한다.

ex) That's why I was getting married.
              └─('ㄹ'로 발음한다.)

☆ **강의를 들으시면 좀 더 확실히 발음 연습을 하실 수 있습니다.** (강의 다운로드 받는 법 참조)

I'm afraid ~ : (유감이지만) ~ 한 거 같아

¹ I'm afraid ~

1. 유감이지만, 네가 틀린 거 같아. ············ **I'm afraid** you are wrong.

2. 유감이지만, 네가 오해한 거 같아. ········· **I'm afraid** you are mistaken.

3. 유감이지만, 내가 오래 머물렀던 거 같아. ····· **I'm afraid** I stayed too long.

4. 유감이지만, 너를 도울 수 없을 거 같아. ····· **I'm afraid** I cannot help you.

5. 유감이지만, 너에게 동의 못 할 거 같아. ····· **I'm afraid** I can't agree with you.

[Monica's room / Rachel is cutting her credit card]

Mon : All right, you ready?

Rach : No, no, no, **I'm not ready**! How can I be ready?
Come on, I can't do this!

Ross : Come on, you made coffee! You can do anything!

All : Cut, cut, cut, cut, cut, cut, cut···

Rach : Y'know what? I think we can just leave it at that.

Mon : Rachel! That was a library card!

All : Cut, cut, cut, cut, cut, cut, cut.

Chan : Y'know, if you listen closely, you can hear a
thousand retailers scream.

Mon : Welcome to the real world! You're gonna love it!

>>
이것만은 꼭

(흔히 말하는 Y'know는 무슨 의미인가?)

Y'know는 **You know**의 줄임말로 시간을 끌기 위한 일종의 말 습관입니다.
'있잖아, 뭐, 말하자면' 상황에 따라 해석해 주면 됩니다.

Mon : (Rachel을 바라보면서) 좋아, 준비됐어?

Rach : 아니. 준비 안 됐어. 내가 어떻게 준비됐겠어?
　　　　제발, 못 하겠어!

Ross : 제발, 너 커피도 만들었잖아. 이젠 뭐든지 할 수 있다고!

All : (테이블 위의 신용카드를 바라보면서) 잘라, 잘라, 잘라, 잘라, 잘라.

Rach : (카드 한 장을 자른 후) 그거 알아? 이런 거 없어도 될 것 같아.

Mon : Rachel! 네가 자른 건 도서관 카드야!

All : 잘라, 잘라, 잘라, 잘라, 잘라. (결국 Rachel이 신용카드를 다 자른다)

Chan : 있잖아, 좀 들어 봐, 전국의 상점주들이 아우성치는 소리가
　　　　들린다.

Mon : 현실 세계로 온 걸 환영해. 곧 익숙해질 거야!

• Americans are very open, **you know**, very friendly = (미국인들은 개방적이야, 뭐, 사교적이지)

• **You know**, I'm good at this = (있잖아, 난 그거에 능숙해)

> **1**   CAN'T 를 발음할 때는 T를 생략하고 강세를 준다.
>
> **2**   S 다음에 T 발음은 생략해서 발음한다.

1 CAN'T 를 발음할 때는
T를 생략하고 강세를 준다.

ex) I can't do this.

        └─(T를 생략하고 강세를 준다.)

2 S 다음에 T 발음은 생략해서 발음한다.

ex) I think we can just leave it at that.

        └─(T 발음은 생략해서 발음한다.)

☆ **강의를 들으시면 좀 더 확실히 발음 연습을 하실 수 있습니다.** (강의 다운로드 받는 법 참조)

I'm ready to ~ : ~ 할 준비가 되어 있어

¹ I'm ready to ~

1. 주문할 준비가 되어 있어. ················· **I am ready to** order.

2. 외식할 준비가 되어 있어. ················· **I am ready to** go out.

3. 거래할 준비가 되어 있어. ················· **I am ready to** make a deal.

4. 설명회 할 준비가 되어 있어. ················· **I am ready to** give a presentation.

5. 그녀에게 데이트 신청 할 준비가 되어 있어. ··· **I am ready to** ask her out.

[Museum / Carol visits Ross in the museum]

Ross : Hi.

Carol : Is this a bad time?

Ross : No, it's…it's… the Stone Age. You look great.
I, uh… I'**m not able to** stand.

Carol : Oh, sorry… Thanks. You look good too.

Ross : Ah, well, in here… So what's new? Still, uh…

Carol : A lesbian? Yeah.

Ross : Well… how's the family? Why are you here?

Carol : I'm pregnant.

Ross : Pregnant…… pregnant?

>> ('시간 좀 있어?'라고 물을 때)

'**Is this a bad time**?' 말고, 가장 많이 쓰이는 표현은 '**Do you have time**'이 가장 많이 쓰입니다.

Ross : (박물관에 전시되어 있는 원시인 인형들을 정리하다 Carol을 보고) 안녕.

Carol : 바쁜 거 아냐?

Ross : 아냐. 석기시대인걸… 당신 좋아 보이네.
나는 견디기 힘든데 말이야.

Carol : 미안해… 고맙고… 당신도 좋아 보여.

Ross : 아 글쎄, 뭐 여기서는… 요즘 어때? 여전히…

Carol : 레즈비언이냐고? (고개를 끄덕이며) 그래.

Ross : 음… 가족들은 어떠셔? 근데 여긴 웬일이지?

Carol : 나 임신했어.

Ross : 임신… 임신이라고?

• **Do you have time? / Are you free?** (시간 좀 있어요?)
• (주의) **Do you have the time**? (지금 몇 시죠?)

■ **왕초보 실력** 안 들키게 **발음**하기

> **1** D와 T가 충돌할 때 앞의 알파벳은 생략해서 발음한다.
>
> **2** N 다음에 T 발음은 생략해서 발음한다.

1 | D와 T가 충돌할 때
앞의 알파벳은 생략해서 발음한다.

ex) Is this a bad time?

└─(앞의 알파벳은 생략해서 발음한다.)

2 | N 다음에 T 발음은 생략해서 발음한다.

ex) I'm pregnant.

└─(T 발음은 생략해서 발음한다.)

☆ **강의를 들으시면 좀 더 확실히 발음 연습을 하실 수 있습니다.** (강의 다운로드 받는 법 참조)

I'm (now) able to ~ :

나는 (이제) ~ 할 수 있어

¹I'm (now) able to ~

1. 나는 (이제) 운전할 수 있어. ············· **I'm (now) able to** drive.

2. 나는 (이제) 너를 데리러 갈 수 있어. ···· **I'm (now) able to** pick you up.

3. 나는 (이제) 일을 시작할 수 있어. ······· **I'm (now) able to** start working.

4. 나는 (이제) 그 일에 지원할 수 있어. ···· **I'm (now) able to** apply for the job.

5. 나는 (이제) 너한테 돈 갚을 수 있어. ···· **I'm (now) able to** pay you back.

[Monica's room / Monica is cleaning up her room]

Mon : Are you through with that?

Joey : Yeah, sorry, the swallowing slowed me down.

Mon : Whose little ball of paper is this?

Chan : Oh, uh, that would be mine. See, I wrote a note to myself, and then I realized I didn't need it, so I balled it up and… now I wish I was dead.

Mon : Look , I'm sorry, guys, I just don't wanna push you, but I'm in a hurry.

Joey : Would you relax? You do this every time they come. The place looks great.

('would'의 의미는?)

문법에서는 **'will'** 조동사의 과거형이라고 배웁니다. 하지만, 미드에서 과거의 의미는 거의 없습니다. 오히려 미래가정의 의미로 쓰인다고 보면 됩니다.

Mon : (Joey가 마시는 물컵을 뺏으며) 너 그거 다 마셨지?

Joey : 응. 천천히 음미하면서 마셔서 미안해.

Mon : 이거 누구 종이 뭉치야?

Chan : 어, 내 거 같아. 나한테 편지 썼는데, 종이가 필요 없을 것 같아서 구겼어. 그리고 미안해서 죽을 거 같아.

Mon : 있지, 너희한테는 미안해. 재촉하고 싶지 않아. 하지만 나 급하다고.

Joey : 그만 좀 해. 부모님 오실 때마다 항상 이러잖아. 여긴 깨끗 하다고.

• That **would** be mine : 그것은 아마 내 것일 거야
• He **would** come here : 그가 아마 이리로 올 거야

■ **왕초보 실력** 안 들키게 **발음**하기

---

1 TH와 T가 충돌할 때 앞의 알파벳은 생략해서 발음한다.

2 S, N 다음의 T는 발음하지 않는다

---

¹ TH와 T가 충돌할 때
  앞의 알파벳은 생략해서 발음한다.

ex) Are you through with that?

└─(앞의 알파벳은 생략해서 발음한다.)

² S, N 다음의 T는 발음하지 않는다

ex) I just don't wanna push you.

└─(T는 발음하지 않는다)

☆ 강의를 들으시면 좀 더 확실히 발음 연습을 하실 수 있습니다. (강의 다운로드 받는 법 참조)

I'm in ~ : 나는 ~ 한 상태야, 상황이야

¹I'm in ~

1. 나는 서둘러야 해. ················ **I'm in** a hurry.

2. 나는 곤경에 처했어. ············ **I'm in** trouble.

3. 나는 그녀와 사랑에 빠졌어. ······ **I'm in** love with her.

4. 나는 30대 초반입니다. ·········· **I'm in** my early thirties.

5. 나는 뭔가 말하고 있는 중이야. ··· **I'm in** the middle of saying something.

6. 나는 영업부를 책임지고 있어. ··· **I'm in** charge of the sales department.

Scene No. 20

[Monica's room / Monica is cleaning up her room]

Phoeb : Monica, you're scaring me.

Mon : My parents **are on** their way.

Joey : Yeah, calm down. Ross is not nervous every time they come.

Mon : That's because my parents think Ross can do no wrong. He's the Prince. Apparently they had some big ceremony before I was born.

('calm down'의 의미는?)
'참아', '진정해'라는 의미로 주로 쓰입니다.
같은 의미로는 **Relax** / **Would you relax**? / **Take it easy** / **Easy**가

해설

Phoeb : Monica, 너 무서워.

Mon : 우리 부모님 오고 계셔.

Joey : 알아, 진정 좀 해. Ross는 부모님 오셔도 항상 긴장 안 하
잖아.

Mon : 그건 우리 부모님이 Ross 오빠는 잘못하는 일 없다고 믿으
니까 그래. 오빠는 왕자님이잖아. 내가 태어나기도 전에
아마 성대한 공연도 했을걸?

쓰입니다.

• **Calm down**, what's the matter? = (진정해, 무슨 일이야?)
• **Calm down**, it will be a second = (참아, 곧 될 거야)

■ **왕초보 실력** 안 들키게 **발음**하기

---

1 'BE' 동사는 'apostrophe'에 숨겨서 발음한다.

2 N 다음에 T 발음은 생략해서 발음한다.

---

1 'BE' 동사는 'apostrophe'에 숨겨서 발음한다.

ex) You're scaring me.
└─('apostrophe'에 숨겨서 발음한다.)

2 N 다음에 T 발음은 생략해서 발음한다.

ex) Apparently they had some big ceremony.
└─(T 발음은 생략해서 발음한다.)

☆ 강의를 들으시면 좀 더 확실히 발음 연습을 하실 수 있습니다. (강의 다운로드 받는 법 참조)

I'm on ~ : 나는 ~ 하는 중이야

¹ I'm on ~

1. 나는 집에 가고 있는 중이야. ········· **I am on** my way home.

2. 나는 전화 받는 중이야. ············· **I am on** the phone.

3. 나는 다이어트 중이야. ············· **I am on** a diet.

4. 나는 잠깐 쉬는 중이야. ············· **I am on** a break.

5. 나는 007편 비행기 타는 중이야. ···· **I am on** flight 007.

6. 나는 술 끊는 중이야. ··············· **I am on** the wagon.

1. 부탁하려고 전화했어요.

   ----

2. 살을 빼려고 노력하는 중이야.

   ----

3. 그게 너의 잘못이라고 말하는 건 아니야.

   ----

4. 정말이야, 그 사람 솔로래.

   ----

5. 너 이거 다 끝냈니?

정답 ✝
1. **I am calling to** ask you a favor.
2. **I am trying to** lose my weight.
3. **I am not saying** it's your fault.
4. **I am telling you**, he is single.
5. **Are you done with** this?

6. 유감이지만, 너에게 동의 못 할 거 같아.

_____

7. 그녀에게 데이트 신청 할 준비가 되어 있어.

_____

8. 나는 (이제) 그 일에 지원할 수 있어.

_____

9. 나는 곤경에 처했어.

_____

10. 나는 집에 가고 있는 중이야.

_____

정답 ⁺ **6.** **I'm afraid** I can't agree with you.
7. **I am ready to** ask her out.
8. **I'm (now) able to** apply for the job.
9. **I'm in** trouble.
10. **I'm on** my way home.

[Monica's room / Rachel is looking for her ring in the room]

Rach : Has anybody seen my engagement ring?

Phoeb : Yeah, it's beautiful.

Rach : Oh God, oh God, oh God, oh God, oh God.

Phoeb : No, look, don't touch that!
Monica **is worried about** that.

Rach : Oh, I was gonna give it back to him.

Mon : Easy, Rach, we'll find it. Won't we?

Chan and Joey : Oh! Yeah!

Mon : Ok, look. It's gonna be okay.
You're gonna give it back to him and it'll all be over.

('won't'의 의미는?)

'~하지 않을 것이다'(**will not**)의 경우 보통 줄여서 '**won't**'라고 말합니다.
워낙 많이 쓰니 알아두시고 '**want**'와 발음 혼동하지 마시기 바랍니다.

Rach : 혹시 내 약혼 반지 본 사람 있니?

Phoeb : 어, 예쁘던데?

Rach : 어째, 어째, 어째, 어째, 어째 (소파를 뒤진다)

Phoeb : (Monica 눈치를 보며) 안 돼, 소파 만지지 마!
Monica 걱정하잖아.

Rach : 아, Barry한테 돌려주려고 했었는데.

Mon : 침착해. Rach, 우리가 찾아 줄게. (친구들 얼굴을 보며) 그렇지
않아?

Chan and Joey : 아, 그럼!

Mon : 좋아, 괜찮을 거야. 넌 Barry한테 반지 무사히 줄 거고, 만
사 잘 될 거야.

• She **won't** come on time = (그녀는 제 시간에 못 올 거야)

• I **won't** tell you = (난 너한테 말 안 할 거야)

---

1 N 다음에 T 발음은 생략해서 발음한다.

2 WON'T 발음은 WANT 발음과 구분 한다. (입안에서 한 바퀴 돌려서 발음한다)

---

¹N 다음에 T 발음은 생략해서 발음한다.

ex) Has anybody seen my engagement ring?

(T 발음은 생략해서 발음한다.)

²WON'T 발음은 WANT 발음과 구분 한다.

ex) **Won't** we?

(입안에서 한 바퀴 돌려서 발음한다)

☆ **강의를 들으시면 좀 더 확실히 발음** 연습을 하실 수 있습니다. (강의 다운로드 받는 법 참조)

I'm worried about ~ :

나는 ~ 에 대해 걱정하고 있어

¹ I'm worried about ~

1. 나는 내 설명회에 대해 걱정하고 있어.

·····························**I'm worried about** my presentation.

2. 나는 이번 시험에 대해 걱정하고 있어.

·····························**I'm worried about** this test.

3. 나는 내 성적에 대해 걱정하고 있어.

·····························**I'm worried about** my grades.

4. 나는 직장 잃을까봐 걱정하고 있어.

·····························**I'm worried about** losing my job.

5. 나는 곤란해질까봐 걱정하고 있어.

·····························**I'm worried about** being in trouble.

[Monica's room / Friends are looking for Rachel's ring in the room]

Joey : Alright, when did you have it on last?

Rach : I had it this morning, and I know I had it when I was in the kitchen with…

Mon : You didn't.

Rach : Ohhhhh, don't be mad…Oh, I am sorry…

Mon : I gave you one job!

Rach : Oh, but look how straight those noodles are!

Mon : I just… can't do it.

Chan : Boys? We're **looking for** it!

('be + ~ ing'의 의미는?)

회화에서는, '**be + ing**' 형태가 많이 쓰입니다. 우리가 보통 알고 있듯이 '~하고 있는 중이다'란 현재 진행형 의미도 있지만, 가까운 미래 '~ 할 것이다'란 의미도

Joey : 좋아, 마지막으로 낀 게 언제야?

Rach : 아침에 있었거든. 부엌에 있을 때도 있었는데…. (스파게티를 바라본다)

Mon : (걱정스러운 듯이) 설마.

Rach : (Monica를 바라보며) 아, 화내지마. 정말 미안해.

Mon : (어이없다는 듯이) 겨우 그 일 하나 시킨 건데!

Rach : 알아. 하지만 면발은 얼마나 꼿꼿하게 했는지 봐 봐!

Mon : (스파게티를 바라보며) 난 못하겠어.

Chan : 애들아? 우리가 찾자! (행복하게 스파게티를 휘저으며 먹어 치운다)

있습니다. 해석은 그 문장 상황에 따라 달리 해주셔야 합니다.

• He **is leaving** for London, tomorrow = (그는 내일 런던으로 곧 떠날 것이다)

• I **am waiting** for him = (나는 그를 기다리고 있는 중이다)

■ **왕초보 실력** 안 들키게 **발음**하기

> **1** T와 TH가 충돌할 때 앞의 알파벳은 생략해서 발음한다.
>
> **2** S 다음에 T 발음은 생략해서 발음한다. / CAN'T는 강하게 발음해 준다.

¹| T와 TH가 충돌할 때
 앞의 알파벳은 생략해서 발음한다.

 ex) How straight **th**ose noodles are!
 └─(앞의 알파벳은 생략해서 발음한다.)

²| S 다음에 T 발음은 생략해서 발음한다.
 CAN'T는 강하게 발음해 준다.

 ex) I just **can't** do it.
 └─(T는 발음을 생략한다. CAN'T는 강하게 발음해 준다.)

☆ **강의를 들으시면 좀 더 확실히 발음 연습을 하실 수 있습니다.** (강의 다운로드 받는 법 참조)

I'm looking for ~ : 나는 ~를 찾고 있어

¹I'm looking for ~

1. 나는 다른 무언가를 찾고 있어. … **I'm looking for** something else.

2. 나는 주유소를 찾고 있어. ……… **I'm looking for** a gas station.

3. 나는 여자 화장실을 찾고 있어. … **I'm looking for** the ladies' room.

4. 나는 임시 일자리를 찾고 있어. … **I'm looking for** a part time job.

5. 나는 정규직을 찾고 있어. ……… **I'm looking for** a permanent job.

[Monica's room / Monica and their friends are there]

Ross : Hi.

Mon : Wow. That is not a happy hi.

Ross : Carol's pregnant.

Mon : W–w–wh–⋯ what⋯?

Ross : Yeah. Do that for two hours, you might be where
I am about now.
Rach : How do you fit into this whole thing?

Ross : Well, Carol says they want me to be involved,
but if I'm not comfortable with it, I don't have to
be involved.. basically it's totally up to me.
Phoeb : She is so great! I miss her.

Rach : So what are you gonna do?

Ross : Of course, **I am happy with** that. but⋯I have no
idea. No matter what I do, I'm still gonna be a father.

('Of course'의 의미는?)

어떤 상황에 대해 다른 의견 없이 확실하게 의견을 말할 때 '당연하지'란 의미로
사용합니다. 같은 의미로 **Sure** / **No doubt** / **You bet** 등이 있습니다.

해설

Ross : (매우 힘없이 문 밖에서) 안녕.

Mon : 와우. 정말 행복치 않은 hi네.

Ross : Carol이 임신했대.

Mon : 뭐, 뭐, 뭐, 뭐라고?

Ross : 그래. 2시간 동안 그러고 있어봐. 지금 나같은 심정이 될 거야.

Rach : 이 사태를 어쩔 거야?

Ross : 글쎄, Carol과 Susan은 내가 관여하길 바라. 하지만 내가 싫으면, 신경 안 써도 된대. 기본적으로 나한테 달려 있어.

Phoeb : Carol 정말 멋지다. 갑자기 보고 싶어지네.

Rach : 그래서 어쩔 건데?

Ross : 물론, 행복해. 하지만 모르겠어. 내가 뭘 해도, 아빠가 되는 건 분명하니까.

• **Of course**, we are all happy = (당연하지, 우리 모두 행복해)
• It is, **of course**, a serious problem = (그것은, 물론, 중대한 문제입니다)

■ **왕초보 실력** 안 들키게 **발음**하기

---

1 T가 단어 중간에 있을 때는 약한 'ㄷ'이나 'ㄹ'로 발음한다.

2 TT가 겹치면 'ㄹ'로 발음한다.

---

1 | T가 단어 중간에 있을 때는
약한 'ㄷ'이나 'ㄹ'로 발음한다.

ex) I'm not comfortable with it.
   └─ (약한 'ㄷ'이나 'ㄹ'로 발음한다.)

2 | TT가 겹치면 'ㄹ'로 발음한다.

ex) No matter what I do.
   └─ ('ㄹ'로 발음한다.)

☆ 강의를 들으시면 좀 더 확실히 발음 연습을 하실 수 있습니다. (강의 다운로드 받는 법 참조)

I'm happy with ~:

~ 에 행복해 / ~에 만족해

¹ I'm happy with ~

1. 내 일에 행복해. ·············· **I'm happy with** my job.

2. 내 외모에 행복해. ··········· **I'm happy with** my appearance.

3. 내 인생에 행복해. ··········· **I'm happy with** my life.

4. 내가 가진 것에 행복해. ······· **I'm happy with** what I have.

² Are you happy with ~

1. 너의 일에 행복하니? ········· **Are you happy with** your job?

2. 너의 외모에 행복하니? ······· **Are you happy with** your appearance?

3. 너의 인생에 행복하니? ······· **Are you happy with** your life?

4. 네가 가진 것에 행복하니? ···· **Are you happy with** what you have?

[Monica's room / Monica's parents are there]

Mr. Geller : Monica, you're independent, and you always have been!

Even when you were a kid…you were chubby, you had no friends, and you read alone in your room,

but I **was so glad** you were just fine!

Mon : Thank you, Daddy. Ross, what's going on with you? Any stories? No news?

Ross : Okay! Okay. Look, I realize you guys have been wondering what exactly happened between Carol and me, and, so, well, Carol's a lesbian.

She's living with a woman named Susan. She's pregnant with my child, and she and Susan are gonna raise the baby.

Mrs. Geller : And you knew about this?

>> ('realize'의 의미는?)

회화에서 많이 쓰는 회화로 '몰랐는데 알게 되다, 깨닫다' 이런 의미입니다.

'know' = '이미 알고 있다'란 의미와 구별하셔서 해석하시면 됩니다.

해설

Mr. Geller : Monica, 넌 독립적이었어. 항상 그랬지.
심지어 뚱뚱할 때도, 친구가 없을 때도, 책을 혼자 읽을 때도 말이야.
하지만 넌 항상 괜찮아서 난 좋았단다.

Mon : 고맙네요, 아빠. (오빠를 다그치며) Ross, 오빠 어때? 새 얘기나 뉴스 없어?

Ross : 좋아, 좋아, 저기, 여러분이 Carol과 나 사이에 일어난 일에 대해 정확히 궁금해 하고 있는 거 알아요. 음, Carol은 레즈비언이에요.
Susan이란 여자랑 살아요. 근데 내 아이를 가졌대요. 그리고 Susan과 그 아이를 키울 거래요.

Mrs. Geller : (Monica를 원망하듯이 쳐다보며) 넌 이거 다 알고 있었지?

• I **realize** you're upset = (난 너 화났다는 거 알게 되었어)
• I **realize** I made a mistake = (난 내가 실수했단 거 알게 되었어)

■ **왕초보 실력** 안 들키게 **발음**하기

---

1   동사 불규칙 과거형은 발음과 리스닝에서 주의해야 합니다.

---

1 ex) You read alone in your room.
      └─(READ–**READ**–READ / 단어 RED와 발음이 같습니다)

ex) You knew about this?
      └─(KNOW–**KNEW**–KNOWN / 단어 NEW와 발음이 같습니다)

☆ **강의를 들으시면 좀 더 확실히 발음 연습을 하실 수 있습니다.** (강의 다운로드 받는 법 참조)

I'm so glad ~ :

~ 해서 기뻐요 / 다행이네요

¹I'm so glad ~

1. 당신을 만나서 기뻐요. ·········· **I'm so glad** to see you.

2. 우연히 만나서 기뻐요. ·········· **I'm so glad** to run into you.

3. 다시 집에 와서 기뻐요. ········· **I'm so glad** to be home again.

4. 그것을 하기로 결정해서 기뻐요. · **I'm so glad** I decided to do it.

5. 당신과 연락이 되어서 기뻐요. ··· **I'm so glad** I reached you.

[Central perk / Rachel is cleaning up the restaurant]

Ross : What are you doing?

Rach : I'm just cleaning up.

Ross : Anyway, you're nervous about Barry tomorrow?

Rach : Oh, a little⋯ So, got any advice⋯ as someone who's recently been dumped?

Ross : You **are interested in** my advice? well, you know, I'll give Barry back his ring, and you can go with Carol and Susan to the hospital.

>> 이것만은 꼭

(동사에 'up'을 붙이는 이유는?)

회화에서 '위쪽으로'란 의미뿐 아니라, '완전히, 전부'란 의미로 해석합니다.

– **clean up** (완전히 청소하다) / – **dress up** (완전히 갖춰 입다)

해설

Ross : (Ross가 영업이 끝난 Central perk로 들어온다) 뭐해?

Rach : (바닥을 빗자루 질 하고 있다) 청소하고 있어.

Ross : 아무튼, 내일 Barry 만날 일 때문에 신경 쓰이겠다.

Rach : 뭐, 약간… 충고해 줄 말 있어? 최근에 차인 사람으로서 말이야?

Ross : 내 충고 듣고 싶어? 글쎄, 이건 어때, 난 Barry한테 가서 반지를 돌려주고 넌, Carol하고 Susan하고 병원 가는 거야.

• I'd like to clean **up** my room = (난 내 방 완전히 청소하길 원해)
• Do I have to dress **up**? = (내가 정장을 입어야 하나요?)

■ **왕초보 실력** 안 들키게 **발음**하기

---

1 대명사 + be 동사 / I am, You are, They are는 발음할 때 약하게 한다.

2 대명사 'I + will'은 발음할 때 '아'라고 발음하는 경우가 많다.

---

1 | 대명사 + be 동사 / I'm, You're, They're은
발음할 때 약하게 한다.

ex) **I'm** just cleaning up.
└─(I am, You are, They are은 발음할 때 약하게 한다.)

2 | 대명사 'I + will'은 발음할 때
'아'라고 발음하는 경우가 많다.

ex) **I'll** give Barry back his ring.
└─('아'라고 발음하는 경우가 많다.)

☆ **강의를 들으시면 좀 더 확실히 발음 연습을 하실 수 있습니다.** (강의 다운로드 받는 법 참조)

I'm interested in ~ :

나는 ~ 에 관심이 있어

¹I'm interested in ~

1. 나는 당신에 관심이 있어. ………… **I'm interested in** you.

2. 나는 결혼에 관심이 있어. ………… **I'm interested in** marriage.

3. 나는 고전 음악에 관심이 있어. …… **I'm interested in** classical music.

4. 나는 유럽 가는 것에 관심이 있어. … **I'm interested in** going to Europe.

5. 나는 그 직장에 지원하는 것에 관심이 있어.

…………………………… **I'm interested in** applying for the job.

Have to 패턴

[Hospital / Ross and Carol are in the doctor's office]

Ross : Sorry I'm late, I was stuck at work.

Susan : Hi.

Carol : Ross, you remember Susan?

Ross : How could I forget? Hello, Susan. So, uh, we're just waiting for?

Carol : Dr. Oberman.

Ross : Dr. Oberman. Okay. And is he?

Susan : She.

Ross : She? well… she is familiar with our situation?

Carol : Yes, we **don't have to** worry, she's very supportive.

Ross : Okay, that's great.

(말문이 막힐 때 쓰는 표현은?)

말문이 막힐 때 쓰는 표현은 **Well, Hmm, Let's see, You see** 등이 있다.

Ross : (진료실을 들어오면서) 늦어서 미안, 일에 치이느라.

Susan : 안녕하세요.

Carol : Ross, Susan 기억하지?

Ross : 어떻게 잊겠어? 안녕하세요, Susan. 그래서 우리가 지금 기다리는 의사가?

Carol : Oberman 의사야.

Ross : Oberman 의사? 그래, 그가?

Susan : 여자분이에요.

Ross : 여자군. 우리 상황에 대해 알고 계셔?

Carol : 응. 걱정할 필요 없어. 많이 도와주고 계셔.

Ross : 좋아. 그거 잘 됐군.

• **Well**, I can't stand this = (글쎄, 이 상황을 참을 수가 없어)
• **Let's see**, how about Tuesday? = (글쎄, 화요일 날 어때?)

■ **왕초보 실력** 안 들리게 **발음**하기

---

1 COULD 끝의 D는 받침 발음한다.

2 T가 단어 중간에 있을 때는 약한 'ㄷ'이나 'ㄹ'로 발음한다.

---

1 | # COULD 끝의 D는 받침 발음한다.

ex) How could I forget?
└─ (받침 발음한다.)

2 | # T가 단어 중간에 있을 때는
약한 'ㄷ'이나 'ㄹ'로 발음한다.

ex) We're just waiting for.
└─ (약한 'ㄷ'이나 'ㄹ'로 발음한다.)

☆ **강의를 들으시면 좀 더 확실히 발음 연습을 하실 수 있습니다.** (강의 다운로드 받는 법 참조)

have to ~ : ~ 해야 해
don't have to ~ : ~ 할 필요 없어

¹have to ~

1. 너는 직업을 바꿔야 해. ·········· You **have to** change your job.

2. 우리 계획을 세워야 해. ········· We **have to** make plans.

3. 너는 그를 기다려야 해. ········· You **have to** wait for him.

4. 우리 비밀을 지켜야 해. ········· We **have to** keep our secret.

²don't have to ~

1. 너는 직업을 바꿀 필요 없어. ····· You **don't have to** change your job.

2. 우리 계획을 세울 필요 없어. ····· We **don't have to** make plans.

3. 너는 그를 기다릴 필요 없어. ····· You **don't have to** wait for him.

4. 우리 비밀을 지킬 필요 없어. ····· We **don't have to** keep our secret.

[Barry's Hospital / Rachel visits Barry in his office]

Rach : Barry?

Barry : C'mon in.

Rach : Are you sure?

Barry : Yeah! It's fine, it's fine. So, how are you doing?

Rach : I'm– uh– I'm okay⋯ You look great!

Barry : Yeah, well⋯.

Bernice : Dr. Farber, Have a visit to admission room, please.

Rach : Barry, **Do I have to** wait?

Barry : Well, be right there. Be back in a sec.

Rach : I dumped him.

Robbie : Okay.

('sec'의 의미는?)

'**second**'의 줄인 말로 '금방'이라는 의미로 쓰입니다.

같은 의미로는 **in a sec** / **in a moment** / **in a minute**로 표현하기도 한다.

Rach : (Barry 진료실 들어가기 전에) Barry?

Barry : 들어와.

Rach : 정말이요?

Barry : 그럼. 괜찮아. 어떻게 지내?

Rach : 잘 지내. 좋아 보이네.

Barry : 응, 뭐….

Bernice : (안내 방송이 나온다) Dr. Farber씨 원무과로 잠시 와주세요.

Rach : Barry, 기다릴까요?

Barry : 글쎄, 가야겠는걸. 금방 올게.

Rach : (입을 벌리고 치료를 기다리던 Robbie가 빤히 쳐다보자) 내가 저 남자 찬 거야.

Robbie : 그래요.

• He'll be **in a sec** = (그는 금방 올 거예요)
• Do you have **a sec**? = (잠깐 얘기 좀 나눌 수 있을까요?)

■ **왕초보 실력** 안 들키게 **발음**하기

---

1 ING는 '잉'이 아닌 'ㄴ'으로 발음한다.

2 T와 TH가 충돌할 때 앞의 알파벳은 생략해서 발음한다.

1│ ING는
'잉'이 아닌 'ㄴ'으로 발음한다.

ex) How are you do~~ing~~?

└─('잉'이 아닌 'ㄴ'으로 발음한다.)

2│ T와 TH가 충돌할 때
앞의 알파벳은 생략해서 발음한다.

ex) Be righ~~t~~ **there.**

└─(앞의 알파벳은 생략해서 발음한다.)

☆ **강의를 들으시면 좀 더 확실히 발음 연습을 하실 수 있습니다.** (강의 다운로드 받는 법 참조)

Do I have to ~ : 내가 ~ 해야 해?

¹Do I have to ~

1. 내가 너한테 말해야 해? ······ **Do I have to** tell you?

2. 내가 이자를 지불해야 해? ···· **Do I have to** pay interest?

3. 내가 이걸 참아야 해? ········ **Do I have to** stand this?

4. 내가 넥타이를 매야 해? ······ **Do I have to** wear a tie?

5. 내가 여기서 갈아타야 해? ···· **Do I have to** transfer here?

28

[Barry's Hospital / Rachel and Barry are talking in the office]

Barry : Sorry about that. So, **What do I have to** do for you?

Rach : Oh, no, nothing. Why are, why are you so tanned?

Barry : Oh, I, uh- I went to Aruba.

Rach : Oh no. You went on our honeymoon alone?

Barry : No. I went with Mindy.

Rach : Mindy? You're kidding! My maid of honor, Mindy?

Barry : Yeah, well, I thought we were happy. We weren't happy. But with Mindy, now I'm happy! Spit!

Rach : What?

Robbie : Me!

('You're kidding'의 의미는?)

'농담이지?'란 의미로 상대방의 말에 어이없을 때 사용합니다

같은 의미로 **You're joking / You're pulling my leg** 등이 있습니다.

Barry : (Barry가 돌아 온다) 미안해. 자, 내가 뭘 해야 하지?

Rach : 그런 거 없어. (Barry 얼굴을 바라보다가) 왜, 왜 까맣게 탔어?

Barry : 아, 나 Aruba 갔다 왔어.

Rach : 세상에. 혼자 우리 신혼여행지 다녀 왔다고?

Barry : 아니, Mindy랑 갔다 왔어.

Rach : Mindy? 농담해? 내 들러리 선 Mindy?

Barry : 응, 우리가 행복한 줄 알았는데, 그러지 않았잖아.
근데 Mindy랑 있으면 행복해. 침 뱉어!
Rach : 뭐라고?

Robbie : (입 벌리고 있던 환자 Ronnie가) 저한테 한 말이에요.

• **You're kidding**! I knew it! = (농담이지? 나 그거 알아!)
• **You're kidding**! I can't wait anymore = (농담이지? 더 이상 못 기다려)

> **1**   규칙 동사 과거형의 ED는 주로 발음하지 않는다.
>
> **2**   동사 불규칙 과거형은 발음과 리스닝에서 주의해야 한다.

1 │ 규칙 동사 과거형의

ED는 주로 발음하지 않는다.

ex) Why are you so tanned?

└─(ED는 주로 발음하지 않는다.)

2 │ 동사 불규칙 과거형은

발음과 리스닝에서 주의해야 한다.

ex) You went on our honeymoon alone?

└─(GO–**WENT**–GONE / 단어 WHEN과 발음이 같다.)

☆ **강의를 들으시면 좀 더 확실히 발음 연습을 하실 수 있습니다.** (강의 다운로드 받는 법 참조)

What do I have to ~ :

내가 무엇을 ~ 해야 해?

¹What do I have to ~

1. 내가 무엇을 해야 해? ············ **What do I have to** do?

2. 내가 무엇을 먹어야 해? ········ **What do I have to** eat?

3. 내가 무엇을 알아야 해? ········ **What do I have to** know?

4. 내가 무엇을 너에게 말해야 해? ·· **What do I have to** tell you?

5. 내가 무엇을 생각해야 해? ······· **What do I have to** think about?

Scene No. 29

[Hospital / Ross, Carol and Susan are talking in the doctor's office]

Ross : Well, We **are gonna have to** name our baby.

Susan : What about Helen?

Ross : Helen Geller? I don't think so.

Carol : Hello? It's not gonna be Helen Geller.

Ross : Thank you!

Carol : No, I mean it's not Geller.

Ross : What? it's gonna be Helen Willick?

Carol : No, we talked about Helen Willick-Bunch.

Ross : Well, wait a minute, why is she in the title?

Susan : It's my baby too.

Ross : Oh, so funny. I don't remember you making any sperm.

(so funny의 의미는?)

'어이없다'는 의미로 **It's funny** / **It's ridiculous** / **It's weird** 등을 쓰기도 합니다.

Ross : (진료실에서) 음, 우리 아기 이름 지어야지.

Susan : Helen은 어때요?

Ross : Helen Geller? 별로예요.

Carol : 여보세요? Helen Geller가 아니죠?

Ross : 고맙군.

Carol : 아니, 내 말은 성을 Geller로 안 한다고요.

Ross : 뭐라고? 그럼 Helen Willick이 되는 거야?

Carol : 아뇨. 우리 Helen Willick-Bunch로 할 거야.

Ross : 잠깐만, 왜 이름에 이 여자 성이 들어가지?

Susan : 제 아이이기도 하니까요.

Ross : 아, 어이없네. 당신이 정자도 만드는지는 몰랐는데요.

- **So funny**, no one is here = (어이없어, 아무도 없네)
- **So funny**, people actually buy it = (어이없어, 사람들이 그걸 진짜 사네)

■ **왕초보 실력** 안 들키게 **발음**하기

---

1 N 다음에 T 발음은 생략해서 발음한다.

2 T가 단어 중간에 있을 때는 약한 'ㄷ'이나 'ㄹ'로 발음한다.

---

¹ N 다음에 T 발음은 생략해서 발음한다.

ex) I don't think so.
　　　　└─(T 발음은 생략해서 발음한다.)

² T가 단어 중간에 있을 때는 약한 'ㄷ'이나 'ㄹ'로 발음한다.

ex) Why is she in the title?
　　　　　　　　└─(약한 'ㄷ'이나 'ㄹ'로 발음한다.)

☆ **강의를 들으시면** 좀 더 확실히 발음 연습을 하실 수 있습니다. (강의 다운로드 받는 법 참조)

be gonna have to ~ :

~ 해야 할 거야

¹be gonna have to ~

1. 나 서둘러야 할 거야. ············· I **am gonna have to** hurry up.

2. 나 오늘 밤새워야 할 거야. ······· I **am gonna have to** sit up tonight.

3. 나 수강 신청 취소해야 할 거야. ·· I **am gonna have to** drop a class.

4. 너 그를 떠나야 할 거야. ········· You **are gonna have to** leave him.

5. 너 담배 끊어야 할 거야. ········· You **are gonna have to** stop smoking.

Ross : Well? Isn't that amazing?

Joey : We've **gotta** see now?
What are we supposed to be seeing here?

Chan : I think it's about to attack the Earth.

Ross : Monica. Are you welling up?

Mon : No.

Ross : You are, you're welling up.

Mon : I am not!

Ross : You're gonna be an aunt.

Mon : Oh shut up!

(Shut up의 의미는?)

'그만해', '조용히 해'란 의미로 상대방의 말을 막을 때 많이 씁니다.

같은 의미로는 **Stop it / Cut it out / Knock it off** 등이 있습니다.

Ross : (아기 초음파 사진을 친구들에게 보여주며) 어때? 놀랍지?

Joey : (초음파 사진을 보면서) 우리 지금 보고 있어야 해?
여기에 뭐가 보인다는 건지?

Chan : 지구를 공격하는 외계인 같아.

Ross : Monica, 너 울어?

Mon : 아니.

Ross : 울고 있잖아.

Mon : 아니라니까!

Ross : 넌 곧 고모가 된다고!

Mon : 시끄러워!

• **Shut up,** if you don't know = (네가 모르면 조용히 해)
• **Knock it off,** that's enough = (그만해, 그걸로 충분해)

---

1   N 다음에 T 발음은 생략해서 발음한다.

2   D와 T가 충돌할 때 앞의 알파벳은 생략해서 발음한다.

---

1 | N 다음에 T 발음은 생략해서 발음한다.

ex) Isn't that amazing?
 └─(T 발음은 생략해서 발음한다.)

2 | D와 T가 충돌할 때 앞의 알파벳은 생략해서 발음한다.

ex) What are we supposed to be seeing here?
 └─(앞의 알파벳은 생략해서 발음한다.)

☆ **강의를 들으시면 좀 더 확실히 발음 연습을 하실 수 있습니다.** (강의 다운로드 받는 법 참조)

I (have) gotta ~ : 바로 ~ 해야 해

¹gotta ~

1. 바로 그거 사야 해. ·············· I **gotta** get it.

2. 바로 공항 가야 해. ·············· I **gotta** get to the airport.

3. 바로 그녀에게 전화해야 해. ······ I **gotta** call her.

4. 바로 너에게 뭔가를 말해야 해. ··· I **gotta** tell you something.

5. 바로 너 대신 운전해야 해. ······· I **gotta** drive for you.

1. 나는 이번 시험에 대해 걱정하고 있어.

   ----

2. 나는 다른 무언가를 찾고 있어.

   ----

3. 내 인생에 만족해 / 행복해.

   ----

4. 당신과 연락이 되어서 기뻐요.

   ----

5. 나는 당신에게 관심이 있어.

정답 ÷
1. **I'm worried about** this test.
2. **I'm looking for** something else.
3. **I'm happy with** my life.
4. **I'm so glad** I reached you.
5. **I'm interested in** you.

6. 너는 그를 기다릴 필요 없어.

----

7. 내가 너한테 말해야 해?

----

8. 내가 무엇을 알아야 해?

----

9. 넌 그를 떠나야 할거야.

----

10. 바로 너에게 뭔가를 말해야 해.

정답 ÷ 6. You **don't have to** wait for him.
   7. **Do I have to** tell you?
   8. **What do I have to** know?
   9. **You are gonna have to** leave him.
   10. I **gotta** tell you something.

Can I 패턴

31 ~ 35강

[Central perk / Phoebe is entering into the Central perk.]

Ross : Hey. Phoebe, how did it <u>go</u>?

Phoeb : Um, **Can I get** a seat? well, not so good, he walked me to the subway and said 'We should do this again!'

All : Ohh. Ouch.

Rach : What? He said 'we should do this again', that's good, right?

Mon : Uh, no. 'We should do this again' means 'You will never see me'.

Rach : Since when?

Joey : Since always. It's like dating language, like 'It's not you' means 'It is you'.

Phoeb : Or, or, y'know, um, 'I think we should see other people' means 'Ha, ha, I already am'.

	('How did it go'에서 'go'의 의미는?)
>> 이것만은 꼭	영어에서 **go** 단어 많이 나오죠? 대부분 '가다'가 아닌 '지내다'란 의미입니다.

Ross : (Central perk로 들어오는 Phoebe를 보며) 어이, Phoebe, 어땠어?

Phoeb : 음, 앉아도 될까? 좋지는 않았어. 날 지하철로 데려다주면서 '우리 또 봐요' 이렇게 말하더라고요.

All : 아, 이런.

Rach : 왜? '우리 또 봐요' 이러면 좋은 거 아냐?

Mon : 아니지, '우리 또 봐요' 이건 '다신 데이트 할 일 없어요'란 뜻이야.

Rach : 언제부터?

Joey : 항상 그랬어. 일종의 데이트 언어야. '너 때문은 아냐'는 '너 때문이야'란 말이지.

Phoeb : 혹은, '우린 서로 다른 사람을 만나야 할 거 같아'는 '이미 나는 만나고 있지롱'이야.

• How did it **go**? : 어땠어?
• How is it **going**? : 지금 어때? 요즘 어떻게 지내?

■ **왕초보 실력** 안 들키게 **발음**하기

---

1   SHOULD 끝의 D는 받침 발음한다.

2   T가 단어 중간에 있을 때는 약한 'ㄷ'이나 'ㄹ'로 발음한다.

---

¹ SHOULD 끝의 D는 받침 발음한다.

ex) We should do this again!
└─(받침 발음한다.)

² T가 단어 중간에 있을 때는
약한 'ㄷ'이나 'ㄹ'로 발음한다.

ex) It's like dating language.
└─(약한 'ㄷ'이나 'ㄹ'로 발음한다)

☆ **강의를 들으시면 좀 더 확실히 발음 연습을 하실 수 있습니다.** (강의 다운로드 받는 법 참조)

Can I get ~? : ~ 주실래요?
(= Can you get me ~?)

¹ Can I get ~? / Can you get me ~?

1. 의자 좀 주실래요? ········ **Can I get** a chair?

2. 음료수 좀 주실래요? ····· **Can I get** a drink?

3. 커피 좀 주실래요? ········ **Can I get** some coffee?

4. 전화번호 좀 주실래요? ····· **Can I get** your phone number?

5. 모닝콜 좀 주실래요? ····· **Can I get** a wake-up call?

6. 의자 좀 주실래요? ········ **Can you get me** a chair?

7. 음료수 좀 주실래요? ···· **Can you get me** a drink?

8. 커피 좀 주실래요? ········ **Can you get me** some coffee?

9. 전화번호 좀 주실래요? ····· **Can you get me** your phone number?

10 모닝콜 좀 주실래요? ····· **Can you get me** a wake-up call?

[Central perk / Rachel and her friends are there]

Rach : **Can I get you** what you guys ordered?
Alright, don't tell me, don't tell me! Decaf cappuccino for Joey, Coffee, black, Latte, And an iced tea. I'm pretty good at this!

All : Yeah, Yeah, excellent!

Mon : What's the matter, Phoebe?

Phoeb : Well, I got a mail, and there's five hundred extra dollars in my account.

Phoeb : Now I have to go deal with them.

Joey : What are you talking about? Keep it!

Phoeb : It's not mine, if I kept it, it would be like stealing.

Rach : Yeah, but if you spent it, it would be like shopping!

>> 이것만은 꼭 | (go 동사 뒤에 바로 다른 동사가 올때)
| • 'go' 동사는 뒤에 동사를 원형대로 그냥 사용합니다.

Rach : 너희들이 주문한 거 줄까?

좋아 말하지 마, 말하지 마. Joey는 카페인 없는 카푸치노, (Ross에게) 넌 블랙커피, (Chandler에게) 넌 카페라떼, (Monica에게) 그리고 넌 아이스티. 난 정말 잘한다니까!

All : 그래 훌륭해! (Rachel이 주방으로 간 후, 친구들은 서로 잔을 바꾼다)

Mon : (근심어린 표정의 Phoebe를 보고) 무슨 일이야, Phoebe?

Phoeb : 글쎄, 편지 한 통을 받았는데, 내 계좌로 500달러가 들어와 있어.

Phoeb : 이제 가서 이것 처리하려고.

Joey : 뭔 소리야? 그냥 가져!

Phoeb : 내 거 아니잖아, 내가 가지면, 훔치는 게 되잖아.

Rach : 그래, 하지만 그냥 써버리면, 쇼핑하는 것 같을 거야.

- **go and** get it! = (go get it! : 가서 그거 가져!)
- **go and** buy it! = (go buy it! : 가서 그거 사래)

■ **왕초보 실력** 안 들키게 **발음**하기

---

1   TT가 겹치면 'ㄹ'로 발음한다.

2   N 다음에 T 발음은 생략해서 발음한다.

---

¹ TT가 겹치면 'ㄹ'로 발음한다.

ex) I'm pretty good at this!
　　　　　└('ㄹ'로 발음한다.)

² N 다음에 T 발음은 생략해서 발음한다.

ex) If you spent it.
　　　　　　　└(T 발음은 생략해서 발음한다.)

☆ **강의를 들으시면 좀 더 확실히 발음 연습을 하실 수 있습니다.** (강의 다운로드 받는 법 참조)

Can I get you ~? : ~ 드릴까요?

¹Can I get you ~?

1. 음료수 한 잔 드릴까요? ······ **Can I get you** a drink?

2. 맥주 한 잔 드릴까요? ········ **Can I get you** a beer?

3. 마실 거 더 드릴까요? ········ **Can I get you** another drink?

4. 먹을 거 좀 드릴까요? ········ **Can I get you** something to eat?

5. 그 밖에 다른 거 드릴까요? ··· **Can I get you** anything else?

[Monica's room / Phoebe is visiting Monica's room]

Mon : Who is it?

Phoeb : It's me.

Ross : Hey, Phoebe. how did it go?

Phoeb : Listen. 'Dear Ms. Buffay. Thank you for calling attention to our error. We have credited your account with five hundred dollars. We're sorry for the inconvenience, and hope you'll accept this.'
Do you believe this? Now I have a thousand dollars!

Rach : What bank is this? **Can I have** your account number?

>> 이것만은 꼭 **(사람을 지칭할 때 'it'라고 하는 경우)**

'**It**'는 '그것'이라는 의미지만, 보통 눈 앞에 없는데 목소리가 들리는 사람인 경우 인칭에 상관없이 '**It**'을 써 줍니다.

해설

Mon : 누구세요?

Phoeb : 나야.

Ross : 어이, Phoebe. 어떻게 됐어?

Phoeb : 이거 봐. (편지를 읽는다) '친애하는 Buffay 씨. 저희의 부주의를 지적해 주셔서 감사드립니다. 저희가 당신의 계좌에 500달러를 보냅니다. 불편함을 드려, 사과의 표시이오니, 받아주시기 바랍니다.'
(어이없다는 듯) 믿을 수 있어? 이제 나 졸지에 1000달러 생겼어.

Rach : 어디 은행이야? 네 계좌 번호 좀 빌려줄래?

• **It's me** : (초인종을 눌렀을 때 : 초인종 누른 거 '나야')
• **It's him** : (전화가 온 사람을 지칭 할 때 : 전화한 거 '그 사람이야')

■ **왕초보 실력** 안 들키게 **발음**하기

---

1 N 다음에 D 발음은 생략해서 발음한다.

2 P 다음에 T 발음은 생략해서 발음한다.

---

¹ N 다음에 D 발음은 생략해서 발음한다.

ex) I have a thousand dollars!
    └─(D 발음은 생략해서 발음한다.)

² P 다음에 T 발음은 생략해서 발음한다.

ex) You'll accept this.
    └─(T 발음은 생략해서 발음한다.)

☆ **강의를 들으시면** 좀 더 확실히 **발음 연습을 하실 수 있습니다.** (강의 다운로드 받는 법 참조)

Can I have ~? : 제가 ~가질 수 있을까요?

¹Can I have ~?

1. 제가 영수증 가질 수 있을까요? ····· **Can I have** a receipt?

2. 제가 시간 좀 가질 수 있을까요? ···· **Can I have** a moment?

3. 제가 당신과 대화할 수 있을까요? ··· **Can I have** a talk with you?

4. 제가 이 신문 볼 수 있을까요? ······ **Can I have** a look at this newspaper?

5. 제가 머리 손질 할 수 있을까요? ···· **Can I have** my hair done?

Phoeb : Hey, Lizzie. I brought you something.

Lizzie : Saltines?

Phoeb : No, but would you like a thousand dollars?

Lizzie : What? Oh my God, there's really money in here. What are you doing?

Phoeb : No, I want you to have it. I don't want it.

Lizzie : No, no, I have to give you something.

Phoeb : No, that's fine, no.

Lizzie : Please, let me do something.

Phoeb : Okay, alright, I'll tell you what. Buy me a soda, and we're even. Okay?

Lizzie : Okay. then **can I take** it with me?

이것만은 꼭 | ('I'll tell you what'의 의미는?)

'있잖아'라는 의미로 'what'을 이용해서 쓰입니다.

같은 의미의 표현으로는 **Guess what** / **You know what** 등이 있습니다.

Phoeb : (길에서 노숙하는 Lizzie를 찾는다) 안녕, Lizzie. 뭐 가져왔어요.

Lizzie : 크래커야?

Phoeb : (돈 봉투를 내밀면서) 아뇨. 1000달러 드릴까요?

Lizzie : 뭐? 세상에. (봉투를 들여다보더니) 이거 진짜 돈이네.
(도로 돌려주면서) 뭐하는 거야?

Phoeb : 아니, 그거 가지세요. 전 필요 없어요.

Lizzie : 아냐, 아냐, 그럼 내가 뭔가 해주고 싶은데.

Phoeb : 아뇨, 괜찮아요.

Lizzie : 아니, 뭔가 하게 해 줘.

Phoeb : 좋아요. 있잖아요. 저에게 탄산수 사주세요. 그럼 공평
하죠?

Lizzie : (돈 봉투를 보이면서) 좋아. 그럼 이거 가져가도 되지?

• **I'll tell you what**, I don't have much time = (있잖아, 나 시간이 많지 않아)
• **Guess what**, He asked me out! = (있잖아, 그가 나보고 데이트 하재!)

■ **왕초보 실력** 안 들키게 **발음**하기

1　ING는 '잉'이 아닌 'ㄴ'으로 발음한다.

2　N 다음에 T 발음은 생략해서 발음한다.

---

1 ING는
'잉'이 아닌 'ㄴ'으로 발음한다.

ex) What are you doing?

└─('잉'이 아닌 'ㄴ'으로 발음한다.)

2 N 다음에 T 발음은 생략해서 발음한다.

ex) I don't want it.

└─(T 발음은 생략해서 발음한다.)

☆ **강의를 들으시면 좀 더 확실히 발음 연습을 하실 수 있습니다.** (강의 다운로드 받는 법 참조)

Can I take ~? : 제가 ~ 할 수 있을까요?

¹Can I take ~?

1. 제가 버스를 탈 수 있을까요? ············· **Can I take** a bus?

2. 제가 메모 남길 수 있을까요? ············· **Can I take** a message?

3. 제가 당신을 집으로 데려갈 수 있을까요? ·· **Can I take** you home?

4. 제가 당신 사진을 찍을 수 있을까요? ······ **Can I take** your picture?

5. 제가 데이트 신청을 할 수 있을까요? ······ **Can I take** you out?

[Central perk / Phoebe is sleeping in a sofa]

Mon : How does she do that?

Ross : I cannot sleep in a public place.

Mon : Would you look at her? She is so peaceful.

Phoeb : Oh! What what what! ⋯ Hi.

Ross : It's okay, y'know, you just nodded off again.

Mon : What's going on with you? **Can I ask you** why?

Phoeb : I got no sleep last night!

Ross : Why?

Phoeb : My grandmother has this new boyfriend, and they're both kind of insecure in bed. You have no idea how loud they are!

('I have no idea'의 의미는?)

'아이디어가 없다'란 의미가 아니라 '잘 모르겠다' 라는 의미입니다.

같은 의미로는 **I don't know** / **I don't have a clue** / **Beats me** 등이

Mon : (자고 있는 Phoebe를 바라보면서) 어떻게 저러지?

Ross : 난 사람 많은 곳에서는 못 자겠던데.

Mon : Phoebe 좀 봐. 평화롭지 않아?

Phoeb : (가위 눌리듯이 벌떡 일어나면서) 아! 악! 뭐? 뭐? 뭐?

Ross : 괜찮아. 그냥 졸았을 뿐이야.

Mon : 요즘 무슨 일 있어? 이유 물어봐도 돼?

Phoeb : 어젯밤에 한잠도 못 잤어!

Ross : 왜?

Phoeb : 우리 할머니 남자친구 생겼거든. 근데 침대에서 둘 다 불 안해. 얼마나 시끄러운지 몰라!

있습니다.

• I'm sorry, **I have no idea** = (미안해요, 모르겠어요)

• **I have no idea** who he is = (그 사람이 누군지 전혀 모릅니다)

■ **왕초보 실력** 안 들키게 **발음**하기

> **1** S 다음에 T 발음은 생략해서 발음한다.
>
> **2** D와 TH가 충돌할 때 앞의 알파벳은 생략해서 발음한다.

¹ S 다음에 T 발음은 생략해서 발음한다.

ex) I got no sleep last night!

└(T 발음은 생략해서 발음한다.)

² D와 TH가 충돌할 때 앞의 알파벳은 생략해서 발음한다.

ex) You have no idea how loud they are!

└(앞의 알파벳은 생략해서 발음한다.)

☆ **강의를 들으시면 좀 더 확실히 발음 연습을 하실 수 있습니다.** (강의 다운로드 받는 법 참조)

Can I ask ~?:

1. 내가 ~ 물어볼 수 있을까 / 2. 내가 ~ 부탁할 수 있을까

¹Can I ask ~?

1. 내가 질문 물어볼 수 있을까? ···· **Can I ask** a question?

2. 내가 뭐 좀 물어볼 수 있을까? ······· **Can I ask** something?

3. 내가 부탁할 수 있을까? ············ **Can I ask** a favor?

4. 내가 그거 생각해 보라고 부탁할 수 있을까?

··································· **Can I ask** you to think about it?

5. 내가 너를 소개해 달라고 부탁할 수 있을까?

··································· **Can I ask** you to introduce yourself?

Can you 패턴

36 ~ **40** 강

[Central perk / Rachel is happy with her pay check]

Rach : Look-look-look, my first pay check!
Look at the window, there's my name! Hi, me!

Rach : God, isn't this exciting? I earned this. I wiped tables for it, I steamed milk for it, and it was totally not worth it······ Who's FICA? Why's he getting all my money?

Chan : **Can you bring me** the check? this is not that bad.

Joey : Oh, you're fine, yeah, for a first job.

Ross : You can totally, totally live on this.

Mon : Yeah, yeah.

Ross : Oh, by the way, great service tonight.

All : Oh! Yeah!

>> 이것만은 꼭

('by the way'의 의미는?)

"그나저나', '아무튼'이라는 의미로 대화의 화제를 전환시킬 때 쓰는 표현입니다.
같은 의미로 **anyway** / **in any case** / **so** / **whether or no**라는 표현이

해설

Rach : 봐봐, 봐봐, 봐봐. 첫 번째 월급이야!
여기 창 좀 봐! 내 이름 있어. 나야 안녕!

Rach : 세상에, 대단하지 않아? 내가 벌었다고. 내가 이걸 위해 테이블을 치우고, 우유를 데우고 (월급 봉투를 개봉해서 보더니) 그리고 푼돈 벌었네……. FICA가 누구야? 그가 왜 내 돈을 죄다 가져가지?

Chan : 수표 좀 줘 봐. 이거 뭐 그렇게 나쁘진 않은데.

Joey : 오, 첫 번째 봉급치고는 괜찮은데 뭘.

Ross : 너 이걸로 충분히 살 수 있어.

Mon : 그래, 그래.

Ross : 아, 그나저나, 오늘 밤 아주 수고했어! (Rachel을 놀리면서 친구들 팁을 걷는다)

All : 아! 그래!

있습니다
- **By the way**, are you still working? = (아무튼, 아직도 일하고 있어요?)
- **In any case**, I'll go there = (그나저나, 난 거기 갈 거야)

> **1** N 다음에 T 발음은 생략해서 발음한다.
>
> **2** TT가 겹치면 'ㄹ'로 발음한다.

1 | N 다음에 T 발음은 생략해서 발음한다.

ex) Isn't this exciting?
ㄴ(T 발음은 생략해서 발음한다.)

2 | TT가 겹치면 'ㄹ'로 발음한다.

ex) Why's he getting all my money?
ㄴ('ㄹ'로 발음한다.)

☆ **강의를 들으시면 좀 더 확실히 발음 연습을 하실 수 있습니다.** (강의 다운로드 받는 법 참조)

Can you bring ~? :

1. ~가져다 주실래요 / 2. ~ 데려다 주실래요

¹Can you bring ~?

1. 리포트 가져다 주실래요? ‧‧‧‧‧‧‧‧ **Can you bring me** your paper?

2. 한 번 더 가져다 주실래요? ‧‧‧‧‧‧ **Can you bring me** just one more?

3. 계산서 가져다 주실래요? ‧‧‧‧‧‧‧‧ **Can you bring me** the check please?

4. 수업시간에 리포트 가져다 주실래요?

‧‧‧‧‧‧‧‧‧‧‧‧‧‧‧‧‧‧‧‧‧‧‧‧‧‧‧‧‧‧‧‧‧‧ **Can you bring** your paper to the class?

5. 파티에 당신 친구들 데려다 주실래요?

‧‧‧‧‧‧‧‧‧‧‧‧‧‧‧‧‧‧‧‧‧‧‧‧‧‧‧‧‧‧‧‧‧‧ **Can you bring** your friend to the party?

[Central perk / Rachel and her friends met in Central perk]

Leslie : Rachel?

Rach : **Can you help me** out? Oh my God! Oh my God! Ahhhhh!

Mon : I swear I've seen birds do this on Wild Kingdom.

Rach : What are you guys doing here?

Kiki : Well, we were in the city shopping, and your mom said you work here!

Rach : Look at you, you are so big, I can't believe it!

Leslie : I know. I know! I'm a duplex. Ahhhhh!

Rach : So what's going on with you?

Joanne : Well, guess who my dad's making partner in his firm? Ahhhhh!

Kiki : And while we're on the subject of news. Ahhhhh!

Phoeb : Look, look, I have elbows! Ahhhhh!

(look at you의 의미는?)

단순히 '너를 봐라'란 의미보다는 '멋지네' 혹은 '그 꼴이 뭐야'라는 상반된 표현
으로 주로 쓰입니다.

Leslie : (한 여자 무리가 Central perk로 들어온다) Rachel?

Rach : (앉아 있는 Monica에게) 이거 좀 도와줄래? 세상에! 세상에! 으아아아!
(반갑다는 듯이 친구들과 서로 팔꿈치를 흔들며 기뻐한다)

Mon : (Monica, Phoebe에게) 동물의 왕국에서 새들이 저러는 거 본 적 있어.

Rach : (잠시 진정하고) 너희들 여기 웬일이야?

Kiki : 어, 우리 시내 쇼핑하는데, 너희 엄마가 너 여기서 일한다고
해서!

Rach : 멋지네! 너 임신했구나. 믿기지 않아.

Leslie : 알아. 알아. 2인분 됐어. 으아아! (모두 팔꿈치를 흔들며 기뻐한다)

Rach : 또, 너는 별일 없어?

Joanne : 글쎄, 우리 아빠가 회사 물려 주셨어! 으아아아아! (모두 팔
꿈치를 흔들며 기뻐한다)

Kiki : 그리고 그동안 대단한 소식도 있어. (손에 결혼반지를 보이며) 으아
아아아!

Phoeb : (멀리서 Phoebe, Monica를 쳐다보며) 봐봐. 나도 팔꿈치로 할 수 있
어. 으아아아!

• **Look at you**, you look very pretty = (멋지네, 너 정말 예뻐 보여)
• **Look at you**, you are all skin and bone = (그 꼴이 뭐야, 피골이 상접하잖아)

---

1   'HAVE'는 완료형일 때 'apostrophe'에 숨겨서 발음한다.

2   T가 단어 중간에 있을 때는 약한 'ㄷ'이나 'ㄹ'로 발음한다.

---

1 'HAVE'는 완료형일 때

'apostrophe'에 숨겨서 발음한다.

ex) I've seen birds do this.
└('apostrophe'에 숨겨서 발음한다.)

2 T가 단어 중간에 있을 때는

약한 'ㄷ'이나 'ㄹ'로 발음한다.

ex) We were in the city shopping.
└(약한 'ㄷ'이나 'ㄹ'로 발음한다.)

☆ 강의를 들으시면 좀 더 확실히 발음 연습을 하실 수 있습니다. (강의 다운로드 받는 법 참조)

Can you help me ~? :

내가 ~ 하는 거 도와 줄래?

¹Can you help me ~?

1. 내가 애완견 찾는 거 도와 줄래? · **Can you help me** find my pet?

2. 내가 설거지 하는 거 도와 줄래? **Can you help me** wash the dishes?

3. 내가 짐 나르는 거 도와 줄래? ··· **Can you help me** carry the baggage?

4. 내가 내 것 하는 거 도와 줄래? ·· **Can you help me** with mine?

5. 내가 이 문제 푸는 거 도와 줄래? **Can you help me** with this problem?

[Central perk / Rachel and her friends met in Central perk]

Rach : So c'mon, <u>you guys</u>, **can you tell me** all the dirt?

Kiki : Well, the biggest news is still you dumping Barry at the wedding!

Rach : Uh.

Joanne : When are you coming home?

Rach : Guys, I'm not.

Joanne : C'mon, this is us.

Rach : I'm not! This is what I'm doing now. I've got this job!

All : Waitressing?

('you guys'의 의미는?)

보통 **you**만 가지고는 '너'인지 '너희들'인지 구별이 안 되므로 여러 사람을 가리킬 때 '**you guys**', '**you kids**'라고 자주 표현한다. 남성 여성 구별 없이 쓴다.

Rach : 아무튼, 그동안 자질구레한 일 좀 얘기해 봐.

Kiki : 글쎄, 최고 뉴스는 네가 결혼식에서 Barry 물먹인 거지!

Rach : (할 말 없다는 듯이) 아.

Joanne : 언제 집으로 돌아갈 거야?

Rach : 얘들아, 나 안 가.

Joanne : 제발. 우리 사이에 솔직히 말해 봐.

Rach : 정말 안 가. 이게 내가 지금 하는 일이고, 난 직업으로 생각
하고 있다고.

All : (모두 동시에 큰 소리로) 종업원 일이?

• **You guys** hurry up! = (너희들 모두 서둘러라!)
• **You kids** go home right now! = (얘들아 지금 당장 가거라!)

■ **왕초보 실력** 안 들키게 **발음**하기

> **1**　BE 동사는 보통 약하게 발음한다.
>
> **2**　ING는 '잉'이 아닌 'ㄴ'으로 발음한다.

---

1 BE 동사는 보통 약하게 발음한다.

ex) When ~~are~~ you coming home?
　　　└─(BE 동사는 보통 약하게 발음한다.)

2 ING는
　　　　　　　　'잉'이 아닌 'ㄴ'으로 발음한다.

ex) This is what I'm ~~doing~~ now.
　　　　　　　　└─('잉'이 아닌 'ㄴ'으로 발음한다.)

☆ **강의를 들으시면 좀 더 확실히 발음 연습을 하실 수 있습니다.** (강의 다운로드 받는 법 참조)

Can you tell me ~? : ~ 말해 줄래?

¹Can you tell me ~?

1. 무엇을 해야 하는지 말해 줄래? ····· **Can you tell me** what to do?

2. 언제 가야 하는지 말해 줄래? ······· **Can you tell me** when to go?

3. 어디서 내려야 하는지 말해 줄래? ··· **Can you tell me** where to get off?

4. 어떻게 역으로 가는지 말해 줄래?

·· **Can you tell me** how to get to the station?

5. 왜 안 되는지 말해 줄래? ··········· **Can you tell me** why not?

Mon : Hey, Rach. How was it with your friends?

Rach : What's that? **Can you show me** the stuff?

Mon : Well, it's rum, and⋯.

Rach : Okay.

Mon : You should feel great about yourself! You're doing this amazing independence thing!

Rach : Monica, what is so amazing? I gave up, like, everything. I'd had a plan. Y'know, it was clear. and now everything's just kinda like⋯

Phoeb : Floppy?

Rach : Yeah.

이것만은 꼭

('Yeah'의 의미는?)

상대방의 질문에 공감하는 표현으로 'Yes'보다 좀 더 일반적인 표현입니다.
같은 의미로는 **That's right / Right / Yup / You bet / Absolutely**

해설

Mon : (들어오는 Rachel에게) 안녕, Rach. 친구들하고는 어땠어?

Rach : (Monica가 들고 있는 병을 보고) 그거 뭐야? 그거 좀 보여줄래?

Mon : 음, 럼주야.

Rach : 좋아. (열나는 듯 한 병을 다 마신다)

Mon : 넌 스스로에 대해 대단하다고 생각해야 해! 이런 놀라운 독립 생활을 하고 있다고!

Rach : Monica, 뭐가 놀랍다는 거지? 난 모든 것을 포기했어. 예전엔 계획이 있었거든. 명확했지. 근데, 지금은 모든 게 말야….

Phoeb : 엉망이야?

Rach : 그래.

등이 있습니다.
- **Yeah**, that's what I mean = (맞아요, 그게 내가 뜻하는 거예요)
- **That's right**, you won = (맞아요, 당신이 이겼어요)

■ **왕초보 실력** 안 들키게 **발음**하기

1 　단어 끝의 T나 D는 받침 발음한다.

2 　'HAVE'는 완료형일 때 'apostrophe'에 숨겨서 발음한다.

---

¹ 단어 끝의 **T**나 **D**는 받침 발음한다.

ex) You should feel great about yourself!
　　　　└─(받침 발음한다.)

² 'HAVE'는 완료형일 때
'apostrophe'에 숨겨서 발음한다.

ex) I'd had a plan.
　　　└─('apostrophe'에 숨겨서 발음한다.)

☆ **강의를 들으시면 좀 더 확실히 발음 연습을 하실 수 있습니다.** (강의 다운로드 받는 법 참조)

Can you show me ~? :

1. ~ 보여 줄래? / 2. ~ 알려 줄래?

¹Can you show me ~?

1. 다른 것 보여 줄래요? ·· **Can you show me** another?

2. 메뉴판 보여 줄래요? ·· **Can you show me** the menu?

3. 역으로 가는 길을 알려 줄래요?

························ **Can you show me** the way to the station?

4. 공항으로 가는 방법을 알려 줄래요?

························ **Can you show me** how to get to the airport?

5. 역이 어디 있는지 알려 줄래요?

························ **Can you show me** where the station is?

[Monica's room / Rachel, Monica and Phoebe are there]

Mon : Uh, Rach, it's the Visa card people.

Rach : Oh, God, ask them what they want.

Mon : **Can you explain why** you call me? Yes, hold on.
Um, they say there's been some unusual activity
on your account.

Rach : But I haven't used my card in weeks!

Mon : That is the unusual activity.
Look, they just wanna see if you're okay.

Rach : They wanna know if I'm okay? Okay.. let's see.
The FICA guys took all my money, everyone I
know is either getting married, or getting promot-
ed, or getting pregnant, and I'm getting coffee!
And it's not even for me!

Mon : Uh, Rachel has left the building, can you call
back?

>>
이것만은 꼭

(**hold on** 의 의미는?)

전화대화에서 '기다려'라고 할 때 '**wait**'보다는 '**hold on**'을 사용합니다.
같은 의미로는 **hang on** / **Just a moment** / **Can you hold** 등이 있습

Mon : (전화를 받고나서) Rach, VISA 카드 직원이야.

Rach : 세상에, 왜 전화한 건지 물어 봐.

Mon : Rachel한테 전화한 이유 좀 말해 줄래요? (한참 듣다가) 아, 잠깐만요. (Rachel을 바라보면서) 음, 네 계좌에 이상이 생겼다는데?

Rach : 난 몇 주간 카드 사용도 안 했는데!

Mon : 그게 이상한 일이래. 있잖아, 너 괜찮은지 궁금해해.

Rach : 내가 괜찮은지 궁금해한다구? 좋아… 보자…
FICA(연금보험)란 녀석은 내 돈 훔쳐 갔고, 내가 아는 애들은 죄다 결혼하거나, 승진하거나, 임신하거나 했네. 그리고 난 커피나 타고 있고.
그것도 내가 먹을 커피가 아니잖아!

Mon : (속삭이듯이) 음, Rachel 방금 나갔거든요. 다시 전화하실래요?

니다.
- **Hold on** for a minute = (잠시만 기다리세요)
- **Hold on**, I'll transfer your call = (기다리세요, 전화 바꿔 드릴게요)

---

1 TT가 겹치면 'ㄹ'로 발음한다.

2 양쪽에 T가 겹칠 때 앞의 T는 발음을 하지 않는다.

---

¹⎪ TT가 겹치면 'ㄹ'로 발음한다.

ex) I'm getting coffee.
　　　　　　└─('ㄹ'로 발음한다.)

²⎪ 양쪽에 T가 겹칠 때
앞의 T는 발음을 하지 않는다.

ex) She has left the building.
　　　　　　└─(앞의 T는 발음을 하지 않는다.)

☆ **강의를 들으시면 좀 더 확실히 발음 연습을 하실 수 있습니다.** (강의 다운로드 받는 법 참조)

Can you explain why ~?:

~ 설명해 주실래요?

¹Can you explain why ~?

1. 왜 그걸 좋아하는지 설명해 주실래요?

.... **Can you explain why** you like it?

2. 왜 그렇게 했는지 설명해 주실래요?

.... **Can you explain why** you did so?

3. 왜 작동 안 하는지 설명해 주실래요?

.... **Can you explain why** it doesn't work?

4. 왜 내가 틀린 건지 설명해 주실래요?

.... **Can you explain why** I am wrong?

5. 왜 그녀에게 화난 건지 설명해 주실래요?

.... **Can you explain why** you are mad at her?

일빵빵 영어회화 패턴복습 (31강 ~ 40강)

1. 음료수 좀 주실래요?

---

2. 마실 거 더 드릴까요?

---

3. 제가 영수증 가질 수 있을까요?

---

4. 제가 버스를 탈 수 있을까요?

---

5. 내가 뭐 좀 물어 볼 수 있을까?

정답 + 1. **Can you get me** a drink?
2. **Can I get you** another drink?
3. **Can I have** a receipt?
4. **Can I take** a bus?
5. **Can I ask** something?

6. 한 번 더 가져다 주실래요?

---

7. 내가 설거지 하는 거 도와 줄래?

---

8. 어디서 내려야 하는지 말해 줄래?

---

9. 공항으로 가는 방법을 알려 주실래요?

---

10. 왜 작동 안 하는지 설명해 주실래요?

I can't 패턴

41 ~ **50** 강

[Monica's room / Rachel, Monica and Phoebe are there]

Pizza Guy : Pizza guy! Hi, one mushroom, green pepper and onion?

Rach : No, no, that's not what we ordered.

Pizza Guy : Wait, you're not 'G.Stephanopoulos'? Man, my dad's gonna kill me!

Mon : **I can't believe** it! Did you say 'G.Stephanopoulos'?

Pizza Guy : Yeah. This one goes across the street. So you guys want me to take this back?

Mon : Are you nuts? We've got George Stephanopoulos' pizza!

Rach : Uh, Pheebs? Who's George Snuffalopagus?

이것만은 꼭

(Are you nuts?의 의미는?)

상대방의 말이나 행동에 대해 황당해 할 때 '너 미쳤어?'라는 의미로 사용합니다

같은 의미로 **Are you crazy**? / **Are you insane**? / **You've lost it**

Pizza Guy : 피자 배달 왔어요. (문을 들어서면서) 안녕하세요. 버섯, 그린 페퍼, 양파 시키셨죠?

Rach : 아뇨, 아뇨. 그건 우리가 주문한 게 아니에요.

Pizza Guy : 가만, 여기 G.스테파노폴로스 씨 집 아닌가요? 세상에, 아버지한테 난 죽었네.

Mon : 믿을 수가 없네. 지금 G.스테파노폴로스라고 했어요?

Pizza Guy : 네, 이 피자는 건너편으로 가야 했는데. 이거 그냥 가져갈까요?

Mon : 미쳤어요? G.스테파노폴로스 피자를 먹게 생겼는데. (얼른 피자를 받는다)

Rach : (조용히 Phoebe를 부른 후) 음, Pheobe? G.스누팔로파거스가 누구야?

등이 있습니다

• **Are you nuts?** He is your boss = (너 미쳤어? 그는 네 상사야)

• **Are you insane?** you met her? = (너 미쳤어? 그녀를 만났다고?)

■ **왕초보 실력** 안 들키게 **발음**하기

---

1   THAT 다음에 BE 동사는 'apostrophe'에 숨겨서 발음한다.

2   BE 동사는 'apostrophe'에 숨겨서 발음한다.

---

1 THAT 다음에 BE 동사는 'apostrophe'에 숨겨서 발음한다.

ex) That'**s** not what we ordered.
   └('apostrophe'에 숨겨서 발음한다.)

2 BE 동사는 'apostrophe'에 숨겨서 발음한다.

ex) My dad'**s** gonna kill me!
   └('apostrophe'에 숨겨서 발음한다.)

☆ 강의를 들으시면 좀 더 확실히 발음 연습을 하실 수 있습니다. (강의 다운로드 받는 법 참조)

I can't believe ~ :

~ 라니 믿을 수가 없어 / ~놀라워

¹I can't believe ~

1. 네가 그렇게 말하다니 믿을 수가 없어. ····· **I can't believe** you said so.

2. 네가 이렇게 순진하다니 믿을 수가 없어. ··· **I can't believe** you are so naive.

3. 내가 시험을 망쳤다니 믿을 수가 없어. ····· **I can't believe** I failed the exam.

4. 내가 기차를 놓쳤다니 믿을 수가 없어. ····· **I can't believe** I missed the train.

5. 20년이 흘렀다니 믿을 수가 없어. ·········· **I can't believe** it's been 20 years.

[Monica's room / Chandler and their friends are there]

Chan : So, Saturday night! the big night! date night! Saturday night!

Joey : No plans, huh?

Chan : Not a one.

Ross : Not even, breaking up with Janice?

Mon : Chandler, nobody likes breaking up with some-one. But you just gotta do it.

Chan : I know, but it's just so hard, **I can't figure out how to break up with her.**

Joey : Why do you have to break up with her? Be a man, just stop calling.

Phoeb : You know, if you want, I'll do it with you.

Chan : Oh, thanks, but I think she'd feel like we're ganging up on her.

>> 이것만은 `꼭` | **('If you want'의 의미는?)**

'만약 네가 괜찮다면'의 의미로 쓰입니다.

같은 의미로 **If you like / If you don't mind / If you would** 등이

Chan : 야, 토요일 밤이다! 대단한 밤이지! 데이트하는 밤! 토요일 밤!

Joey : (비웃으며) 근데 아무 계획 없지? 그렇지?

Chan : (한숨을 쉬며) 당연히 없지.

Ross : Janice와 헤어지지도 않을 거야?

Mon : Chandler, 아무도 누군가와 헤어지는 거 원하지 않아. 하지만 넌 바로 헤어져야 해.

Chan : 알아, 하지만 어려워. 도무지 어떻게 헤어져야 하는지를 모르겠어.

Joey : 왜 헤어진다고 말하려고 해? 남자답게 굴어. 그냥 전화를 하지 마.

Phoeb : 저기, 괜찮으면, 내가 너 대신 해줄게.

Chan : 고맙지만, 그러면 Janice가 단체로 작당해서 차버린다고 생각할 거야.

있습니다

- **If you want**, let's stop talking = (괜찮으면, 그만 말합시다)
- **If you want**, you go first = (괜찮으면, 너 먼저 가)

■ **왕초보 실력** 안 들키게 **발음**하기

---

1 ING는 '잉'이 아닌 'ㄴ'으로 발음한다.

2 'WOULD'는 'apostrophe'에 숨겨서 발음한다.

---

¹ ING는
'잉'이 아닌 'ㄴ'으로 발음한다.

ex) Just stop call**ing**.

└─('잉'이 아닌 'ㄴ'으로 발음한다.)

² 'WOULD'는
'apostrophe'에 숨겨서 발음한다.

ex) She'**d** feel like we're ganging up on her.

└─('apostrophe'에 숨겨서 발음한다.)

☆ 강의를 들으시면 좀 더 확실히 발음 연습을 하실 수 있습니다. (강의 다운로드 받는 법 참조)

I can't figure out ~ :
난 ~ 모르겠어

---

¹I can't figure out ~

1. 난 그게 뭔지 모르겠어 ············· **I can't figure out** what it is.

2. 난 네가 말하는 거 모르겠어 ········ **I can't figure out** what you're saying.

3. 난 이거 어떻게 하는지 모르겠어 ···· **I can't figure out** how to do this.

4. 난 왜 전화가 불통인지 모르겠어 ···· **I can't figure out** why the line is dead.

5. 난 어느 것이 더 중요한지 모르겠어

·························· **I can't figure out** which is more important.

[Central perk / Rachel and their friends are there]

Rach : **I can't find** a purpose in my life.

Phoeb : What's the matter?

Rach : It's my father. He wants to give me a Mercedes convertible.

Ross : That guy, he burns me up.

Rach : Yeah, well, it's a convertible if I move back home. Oh, it was horrible. He still called me young lady.

Chan : Ooh, I hate when my father calls me that.

('what's the matter'의 의미는?)

'무슨 일 있어?'의 의미로 쓰입니다.

같은 의미로 **what's wrong**? / **what happened**? / **what's up**? 등이

해설

Rach : 삶의 목적을 잃어버렸어.

Phoeb : 무슨 일 있어?

Rach : 아버지 때문에. 나한테 스포츠카를 사주신대.

Ross : 그분은 항상 화끈하시단 말이야.

Rach : 그런데 집에 들어오면 사주시겠대. 정말 끔찍해. 여전히
날 '어린 숙녀'라고 하셔.

Chan : 오, 우리 아버지도 날 그렇게 부를 때 정말 끔찍하던데.

있습니다.
- **What's the matter? You seem nervous** = (무슨 일 있어? 긴장돼 보이는데)
- **What's the matter** with you today? = (너 오늘 무슨 일 있어?)

■ **왕초보 실력** 안 들키게 **발음**하기

---

1 TT가 겹치면 'ㄹ'로 발음한다.

2 대명사 HE, I, YOU 등은 주로 약하게 발음한다.

---

¹| TT가 겹치면 'ㄹ'로 발음한다.

ex) **What's the ma⬆er?**
└─('ㄹ'로 발음한다.)

²| 대명사 HE, I, YOU 등은
　　　　　주로 약하게 발음한다.

ex) **He burns me up.**
└─(주로 약하게 발음한다.)

☆ **강의를 들으시면** 좀 더 확실히 발음 연습을 하실 수 있습니다. (강의 다운로드 받는 법 참조)

I can't find ~ : ~ 못 찾겠어 / ~가 없어

¹I can't find ~

1. 주차할 자리 못 찾겠어. ·········· **I can't find** a place to park.

2. 월세방을 못 찾겠어. ············· **I can't find** a room to rent.

3. 나에게 맞는 옷을 못 찾겠어. ····· **I can't find** clothes to fit me.

4. 찾고 있는 책을 못 찾겠어. ······· **I can't find** the book I'm looking for.

5. 관심 있는 영화를 못 찾겠어. ····· **I can't find** the movie I'm interested in.

[Central perk / Joey and their friends are there]

Angela : Hi, Joey.

Joey : My god, Angela. You look good. **I can't tell** who you are.

Angela : That's because I'm wearing a dress that accents my boobs!

Joey : <u>You don't say</u>.

Angela : Forget it, Joey. I'm with Bob now. He is great. He's smart, he's sophisticated, and he has a real job.

Joey : Come on, we were great together.

Angela : Yeah, well, sorry, Joe. You said let's just be friends, so guess what?

Joey : Fine, so, why don't the four of us go out and have dinner together tonight? You know, as friends?

Angela : What four of us?

Joey : You know, you and Bob, and me and my girlfriend, uh, uh, Monica!

('You don't say'의 의미는?)

어떤 상황에 대해 '설마', '그럴리가'의 의미로 쓰입니다.

같은 의미로 **really**? / **no kidding** / **is that so**? 등이 있습니다.

Angela : (뒤에서 슬쩍 지나가면서) 안녕, Joey.

Joey : (깜짝 놀라며) 맙소사, Angela. 좋아 보이네. 누군지 못 알아보겠어.

Angela : 그건 내가 가슴을 강조한 드레스를 입고 있어서 그렇겠지?

Joey : 그럴 리가! (뜨거운 눈빛으로 Angela를 쳐다본다)

Angela : 추근대지 마. 나 요새 Bob이랑 만나. 멋지고, 똑똑하고 사려 깊고 직업도 진짜야.

Joey : 제발, 우리 사이 좋았잖아.

Angela : 그래, 미안해. 네가 그랬잖아. 그냥 친구로 지내자고. 기억나?

Joey : 좋아, 좋아 우리 넷이서 저녁 한 번 먹는 거 어때? 친구로서 말야.

Angela : 4명 누구 누구?

Joey : 너랑, Bob, 그리고 나, 내 여자 친구…
음, (주저하다가) Monica!

• **You don't say**, she is seeing him = (설마, 그녀가 그와 사귄대)

• **You don't say**, I heard we missed the train = (그럴 리가, 우리 기차를 놓쳤대)

■ **왕초보 실력** 안 들키게 **발음**하기

---

1 T가 단어 중간에 있을 때는 약한 'ㄷ'이나 'ㄹ'로 발음한다.

2 S와 J가 충돌할 때 앞의 알파벳은 생략해서 발음한다.

---

¹ T가 단어 중간에 있을 때는
약한 'ㄷ'이나 'ㄹ'로 발음한다.

ex) He's sophisticated.

└─(약한 'ㄷ'이나 'ㄹ'로 발음한다.)

² S와 J가 충돌할 때
앞의 알파벳은 생략해서 발음한다.

ex) You said let's just be friends.

└─(앞의 알파벳은 생략해서 발음한다.)

☆ **강의를 들으시면** 좀 더 확실히 발음 연습을 하실 수 있습니다. (강의 다운로드 받는 법 참조)

I can't tell ~ :

1. ~ 말 못 하겠어 / 2. 구별 못 하겠어

¹I can't tell ~

1. 너에게 이유를 말 못 하겠어. ·········· **I can't tell you** why.

2. 얼마나 기쁜지 말 못 하겠어. ·········· **I can't tell you** how grateful I am.

3. 얼마나 미안한지 말 못 하겠어. ········ **I can't tell you** how sorry I am.

4. 뭐가 뭔지 구별 못 하겠어. ·········· **I can't tell** one from another.

5. 어느 것이 더 좋은지 구별 못 하겠어. ··· **I can't tell** which one is better.

6. 누가 John인지 구별 못 하겠어. ······· **I can't tell** who is John.

Joey : Monica, I'm telling you, this guy is perfect for you.

Mon : Forget it. Not after your cousin who could belch the alphabet. **I can't think** of his name.

Joey : Come on. This guy's great. His name's Bob. He's Angela's⋯ brother. He's smart, he's sophisticated, and he has a real job.

Joey : Look, I'm asking a favor here. If you do this for her brother, maybe Angela will come back to me.

Mon : What's going on here? You go out with tons of girls.

Joey : I know, but, I made a huge mistake. I never should have broken up with her. Will you help me? Please!

 ('maybe'의 의미는?)

어떤 상황을 가정하면서 '아마도'의 의미로 쓰입니다.

같은 의미로 **perhaps / possibly / probably** 등이 있습니다.

Joey : Monica, 정말이야. 이번 남자는 너한테 완벽하다고.

Mon : 그만해. 말끝마다 트림해대는 네 사촌 이후로 안 만나. 이름 도 생각 안 나네.

Joey : 제발. 이 남자는 달라. 이름은 Bob이고, Angela의…(주저하다 가) 음… 오빠야. 멋지고, 똑똑하고 사려 깊고 직업도 진짜야.

Joey : 저기, 지금 부탁하잖아. 네가 그녀 오빠를 만나면, 아마 Angela도 나한테 돌아올 거야.

Mon : 도대체 왜 그래? 넌 여자 많잖아?

Joey : 알아. 하지만, 큰 실수를 했어. 헤어지지 말았어야 하는 건데, 도와줄 거지? 제발!

• **Maybe** you're right = (아마도 네가 맞는 거 같아)

• Can I **possibly** have the car tomorrow? = (아마 내일 차 좀 쓸 수 있을까?)

■ **왕초보 실력** 안 들키게 **발음**하기

1	C, K, P 다음에 T 발음은 생략해서 발음한다.
2	대명사 + BE 동사는 주로 약하게 발음한다.

---

1 C, K, P 다음에

T 발음은 생략해서 발음한다.

ex) This guy is perfect for you.

└─(T 발음은 생략해서 발음한다.)

2 대명사 + BE 동사는 주로 약하게 발음한다.

ex) I'm asking a favor here.

└─(주로 약하게 발음한다.)

☆ 강의를 들으시면 좀 더 확실히 발음 연습을 하실 수 있습니다. (강의 다운로드 받는 법 참조)

I can't think ~ :

1. ~ 생각이 안 나 / 2. ~ 상상이 안 가

¹I can't think ~

1. 아무것도 생각이 안 나. ················ **I can't think of** anything.

2. 더 좋은 계획이 생각이 안 나. ·········· **I can't think of** better plan.

3. 그 답이 생각이 안 나. ················ **I can't think of** the answer.

4. 그녀 이름이 생각이 안 나. ············· **I can't think of** her name.

5. 그가 그렇게 멍청했다니 상상이 안 가. ·· **I can't think** he was so stupid.

6. 그녀가 그렇게 예뻤다니 상상이 안 가. ·· **I can't think** she was so pretty.

Scene No. **46**

[Chandler's room / Chandler and Ross are there]

Ross : Ok, bye. Well, Monica's not coming, it's just gonna be me and Rachel.

Chan : Well, I'm sure you've thought of this thing.

Ross : **I can't say that** this is a date. It's just laundry.

Chan : It's just you and Rachel, just the two of you! This is a date! You're going on a date.

Ross : Nuh—huh.

Chan : Yuh—huh.

Ross : So what're you saying here? I should shave again, pick up some wine, what?

Chan : Well, you should rethink the dirty underwear.

>>
이것만은 꼭

('re'가 단어 앞에 붙을 때 의미는?)

어떤 행동을 '다시 ~ 하다'라는 의미입니다

– **rewrite** : 다시 쓰다, – **restart** : 다시 시작하다, – **reuse** : 다시 사용하다.

Ross : (수화기를 들고 한참 듣더니) 좋아, 안녕! Monica는 안 온대, 나랑
Rachel만 갈 거야.

Chan : 와, 너 이거 예상했잖아?

Ross : 데이트라고 할 수 없지. 그냥 세탁하러 가는 거야.

Chan : 너랑 Rachel뿐이잖아, 딱 둘! 이건 데이트라구! 너 데이트
하는 거라고.

Ross : 아니.

Chan : 으응.

Ross : 그래서 뭘 말하려는 거야? 면도라도 하고 와인이라도 들고
가, 뭐?

Chan : 글쎄, 너 더러운 속옷부터 좀 생각해 봐라.

• I have to **re**write this paper = (나 이 리포트 다시 써야 해)
• I wanna **re**start my life = (나 내 인생 다시 시작하고 싶어)

■ **왕초보 실력** 안 들키게 **발음**하기

---

1 단어 끝의 T나 D는 받침 발음한다.

2 S와 J가 충돌할 때 앞의 알파벳은 생략해서 발음한다.

---

¹| 단어 끝의 T나 D는 받침 발음한다.

ex) You've thought of this thing.
⤷(받침 발음한다.)

²| S와 J가 충돌할 때
앞의 알파벳은 생략해서 발음한다.

ex) It's just laundry.
⤷(앞의 알파벳은 생략해서 발음한다.)

☆ **강의를 들으시면 좀 더 확실히 발음 연습을 하실 수 있습니다.** (강의 다운로드 받는 법 참조)

I can't say ~ : ~ 라고 말할 수 없어

---

¹I can't say ~

1. 미안하다고 말할 수 없어. ············ **I can't say** I am sorry.

2. 그를 사랑한다고 말할 수 없어. ······ **I can't say** I love him.

3. 네가 잘못했다고 말할 수 없어. ······ **I can't say** you are wrong.

4. 그녀를 안다고 말할 수 없어. ········ **I can't say** I know her.

5. 너한테 동의한다고 말할 수 없어. ···· **I can't say** I agree with you.

Scene No. 47

[Cafe / Joey and Monica are sitting on the table]

Mon : So what does this Bob guy look like? Is he tall? Short?

Joey : Yep.

Mon : Which?

Joey : Which what?

Mon : You've never met Bob, have you?

Joey : No, but he's…

Mon : Oh my god, **I can't stand** this, for all we know, this guy could be horribly…

Angela : Hey, Joey.

Mon : … horribly attractive. I'll be shutting up now.

('never'의 위치는?)

'전혀 ~ 아니다'란 의미로, 보통 일반동사 앞, 완료조동사(**have**) 뒤에 씁니다.

Mon : 그래서 이 Bob이란 사람 누구 닮았어? 키가 커? 작아?

Joey : 그래.

Mon : 어느 쪽이야?

Joey : 뭐가 어느 쪽이야?

Mon : 너 Bob이란 사람 만난 적 없지? 그렇지?

Joey : 아냐, 그는 키가…. (머뭇거린다)

Mon : 세상에, 못 참겠어, 알다시피, 그 남자 끔찍하게….

Angela : 안녕, Joey.

Mon : (잘생긴 Bob을 발견한다)… 끔찍하게 매력적인걸. 이제 입 닫고 있어야겠다.

• You have **never** been abroad : 당신은 외국에 전혀 가 본 적이 없다.

■ **왕초보 실력** 안 들키게 **발음**하기

---

1   'HAVE'는 완료형일 때 'apostrophe'에 숨겨서 발음한다.

2   TT가 겹치면 'ㄹ'로 발음한다.

---

¹ 'HAVE'는 완료형일 때
'apostrophe'에 숨겨서 발음한다.

ex) You've never met Bob.
└─('apostrophe'에 숨겨서 발음한다.)

² TT가 겹치면 'ㄹ'로 발음한다.

ex) I'll be shutting up now.
└─('ㄹ'로 발음한다.)

☆ **강의를 들으시면 좀 더 확실히 발음 연습을 하실 수 있습니다.** (강의 다운로드 받는 법 참조)

I can't stand ~ : ~ 못 참겠어

¹I can't stand ~

1. 이 영화 못 참겠어. .... **I can't stand** this movie.

2. 네 얘기 못 참겠어. .... **I can't stand** to hear you.

3. 너랑 있는 거 못 참겠어. .... **I can't stand** to be with you.

4. 그와 일하는 거 못 참겠어. .... **I can't stand** working with him.

5. 줄 서서 기다리는 거 못 참겠어. .. **I can't stand** waiting in line.

[The ladies' room at the restaurant / Monica and Angela are talking]

Mon : I've gotta tell you, Bob is terrific.

Angela : Yeah, isn't he?

Mon : It is so great to meet a guy who is smart and funny.

Angela : You know what else? He's unbelievable in bed.

Mon : Wow. **I can't understand why** he said that. My brother never even told me when he lost his virginity.

Angela : Huh. That's nice.

(terrific의 의미는?)

보통 '아주 멋진, 훌륭한'이란 의미로 **great** / **awesome**라고도 합니다.
'끔직한, 아주 안 좋은' 의미의 '**terrible**'과는 구별 하세요.

해설

Mon : (화장실 거울 앞에서 화장을 고치며) 당신에게 말할 게 있어요. Bob 어쩜 저렇게 멋있죠?

Angela : 맞아요. 그렇죠?

Mon : 똑똑하고 유머스러운 남자를 만나게 돼서 너무 기뻐요.

Angela : 더 말해 드릴까요? 그는 침대에서 사랑도 화끈해요!

Mon : (깜짝 놀라며 어이없는 듯) 와우, 왜 그걸 말했는지 모르겠네요. 우리 오빠 첫 경험도 말 안하던데.

Angela : (말을 이해를 못하는 표정으로) 아… 네 그렇군요.

• **Terrific**! You did a good job = (대단해! 정말 잘했어)
• The traffic was **terrible** = (교통이 정말 엉망이었어)

■ **왕초보 실력** 안 들키게 **발음**하기

---

1 TT가 겹치면 'ㄹ'로 발음한다.

2 D와 TH가 충돌할 때 앞의 알파벳은 생략해서 발음한다.

---

¹ TT가 겹치면 'ㄹ'로 발음한다.

ex) I've gotta tell you.

└ ('ㄹ'로 발음한다.)

² D와 TH가 충돌할 때
앞의 알파벳은 생략해서 발음한다.

ex) I can't understand why he said that.

└ (앞의 알파벳은 생략해서 발음
한다.)

☆ **강의**를 들으시면 좀 더 확실히 발음 연습을 하실 수 있습니다. (강의 다운로드 받는 법 참조)

I can't understand why ~ :

~ 이해할 수 없어

¹I can't understand why ~

1. 네가 왜 늦었는지 이해할 수 없어.

··························**I can't understand why** you were late.

2. 그가 왜 해고당한 건지 이해할 수 없어.

··························**I can't understand why** he got fired.

3. 그가 왜 떠나야 하는지 이해할 수 없어.

··························**I can't understand why** he has to leave.

4. 그녀가 왜 날 좋아하는지 이해할 수 없어.

··························**I can't understand why** she likes me.

5. 너 왜 나한테 화난 건지 이해할 수 없어.

··························**I can't understand why** you are mad at me.

[The laundry / Ross and Rachel are talking]

Ross : Uh-oh, uh-oh, the laundry's done.

Rach : Ross, what's the matter?

Ross : Nothing, nothing. It's, uh, it's a song. It's the laundry song.

Rach : Come on, show me. **I can't wait**.

Ross : All right, all right, it's just that you left a red sock in with all your whites, and now, everything's kind of pink.

Rach : Oh, everything's pink.

Ross : Yeah, uh, except for the red sock. I'm sorry, please don't be upset, it could happen to anyone.

Rach : But It happened to me. Oh, god, What am I doing? What am I doing? My father's right. I can't live on my own! I can't even do laundry!

('**Don't be upset**'의 의미는?)

보통 '화내지 마'란 의미로 일상 회화에서 상당히 많이 쓰입니다.

같은 의미로 **Don't be angry** / **Don't be mad** / **Take a chill pill** 등

Ross : (세탁기 속을 빤히 쳐다보며) 우-어, 우-어, 빨래가 끝났네.

Rach : Ross, 무슨 일이야?

Ross : (세탁기 속을 가리면서) 아무 일도 아냐, 아무 일도. 그냥 노래 부른
거야. 세탁소 노래.

Rach : 가만, 내가 좀 보자. 기다릴 수 없거든.

Ross : 좋아, 좋아, 네 흰 옷 속에 빨간 양말을 넣었어. 그래서 모
두 핑크색이 되어버렸어.

Rach : (빨래한 옷들을 보면서) 아, 모두 핑크색이야.

Ross : 그래, 빨간 양말만 빼고는. 그렇다고 화내진 마. 누구에게
나 일어날 수 있는 일이야.

Rach : 그런데, 나한테 일어났잖아. 세상에. 나 도대체 뭐하고 있
는 거지? 뭐하고 있는 거냐고. 아빠 말이 맞잖아. 난 혼자
서 하는 게 없어. 빨래조차도 못 하잖아!

이 있습니다.

- **Don't be upset,** it's not my fault = (화내지 마, 내 잘못이 아니야)
- **Take a chill pill,** everything is gonna be fine = (진정해, 다 잘 될 거야)

> **1** S와 J가 충돌할 때 앞의 알파벳은 생략해서 발음한다.
>
> **2** 규칙 동사 과거형의 ED는 주로 발음하지 않는다

1 │ S와 J가 충돌할 때
앞의 알파벳은 생략해서 발음한다.

ex) It's **j**ust that you left a red sock.
└(앞의 알파벳은 생략해서 발음한다.)

2 │ 규칙 동사 과거형의 ED는
주로 발음하지 않는다

ex) It happen**ed** to me.
└(ED는 주로 발음하지 않는다)

☆ **강의를 들으시면** 좀 더 확실히 **발음 연습을 하실 수 있습니다.** (강의 다운로드 받는 법 참조)

I can't wait ~ :

1. ~ 기다릴 수 없어 / 2. 당장 ~ 하고 싶어

¹I can't wait ~

1. 더 이상 기다릴 수 없어. ········· **I can't wait** any longer.

2. 당장 방학하고 싶어. ············ **I can't wait** for my vacation.

3. 당장 영화 보고 싶어. ··········· **I can't wait** for the movie.

4. 당장 그녀를 만나고 싶어. ········ **I can't wait** to meet her.

5. 당장 그 집으로 이사가고 싶어. ··· **I can't wait** to move in the house.

Scene No. 50

[Cafe / Monica, Joey, Angela and Bob are sitting on the table]

Mon : Oh my god.

Joey : What? Come on, they're close.

Mon : Hello? Close? She's got her tongue in his ear.

Joey : Oh, like Ross has been annoyed with you.

Mon : Joey, they're sick, it's disgusting, it's, it's—not really true, is it?

Joey : All right, look, I'm not proud of this, ok? But **I can't stop** it.

Mon : Oh! I'm outta here.

Joey : Wait, wait, wait. come on. You want him, I want her. He likes you. If we put our heads together, we can break them up.

Mon : Really?

>> 이것만은 꼭

('They are sick'의 의미는?)

보통 '정상이 아니다. 미쳤다'란 의미로 쓰입니다. '아프다'란 의미가 아닙니다.

같은 의미로 **They are insane** / **They freak out** / **This is weird**

Mon : (테이블에서 이상한 광경을 본 monica가 Joey를 불러낸 후) 세상에.

Joey : 왜? 아, 재네들 사이가 좋아.

Mon : (어이없다는 듯) 여보세요? 사이가 좋아? 방금 저 여자애가 귀에 대고 키스하는데?

Joey : 아, Ross도 너한테 괴롭힘당하잖아.

Mon : Joey, 재들 이상해, 역겨워. (눈치챈 얼굴로) 다 사실 아니지? 그렇지?

Joey : 좋아 알았어. 나도 내가 좀 창피해. 하지만 어쩔 수 없다고.

Mon : 이런! 나 갈래.

Joey : 잠깐만, 잠깐만, 제발. 너 저 남자 좋아하지? 난 그녀가 좋다고. 그도 너 좋아하고. 우리가 힘을 합치면, 둘을 갈라놓을 수도 있어.

Mon : 정말로?

등이 있습니다.
- **They're sick**, they're speeding = (미쳤어, 다들 과속해)
- **This is a weird** movie = (이건 정상적인 영화가 아니야)

■ **왕초보 실력** 안 들키게 **발음**하기

---

1 TT가 겹치면 'ㄹ'로 발음한다.

2 CAN을 발음 할 때는 뒤의 단어에 강세를 준다.

---

1 | TT가 겹치면 '**ㄹ**'로 발음한다.

ex) I'm outta here.
└ ('ㄹ'로 발음한다.)

2 | CAN을 발음 할 때는
　　　　뒤의 단어에 강세를 준다.

ex) We can break them up.
　　　　└ (뒤의 단어에 강세를 준다.)

☆ 강의를 들으시면 좀 더 확실히 발음 연습을 하실 수 있습니다. (강의 다운로드 받는 법 참조)

I can't stop ~ :

1. ~ 멈출 수 없어 / 2. ~ 할 수 밖에 없어

¹I can't stop ~

1. 웃음을 멈출 수 없어. ············ **I can't stop** laughing.

2. 땀 멈출 수 없어. ··············· **I can't stop** sweating.

3. 울음을 멈출 수 없어. ············ **I can't stop** crying.

4. 이 책 읽는 것을 멈출 수 없어. ··· **I can't stop** reading this book.

5. 그녀 생각을 멈출 수 없어. ······· **I can't stop** thinking about her.

일빵빵 영어회화 패턴복습 (41강 ~ 50강)

1. 20년이 흘렀다니 믿을 수가 없어.

----

2. 난 네가 말하는 거 모르겠어.

----

3. 찾고 있는 책을 못 찾겠어.

----

4. 누가 John인지 구별 못 하겠어.

----

5. 그녀가 그렇게 예뻤다니 상상이 안가.

정답⁺ 1. **I can't believe** it's been 20 years.
2. **I can't figure out** what you're saying.
3. **I can't find** the book I'm looking for.
4. **I can't tell** who is John.
5. **I can't think** she was so pretty.

6. 네가 잘못했다고 말할 수 없어.

---

7. 네 얘기 못 참겠어.

---

8. 너 왜 나한테 화난 건지 이해할 수 없어.

---

9. 당장 그녀를 만나고 싶어.

---

10. 그녀 생각을 멈출 수 없어.

정답⁺ 6. **I can't say** you are wrong.
7. **I can't stand** to hear you.
8. **I can't understand why** you are mad at me.
9. **I can't wait** to meet her.
10. **I can't stop** thinking about her.